L'ISLE DE ROBINSON-CRUSOË,

Extraite de l'Anglois,

PAR M. DE MONTREILLE.

Les longs Ouvrages me font peur, LAFONT.

PREMIERE PARTIE.

A LONDRES,

Chez JEAN NOURSE, Libraire
& se trouve à PARIS,
Chez DESAINT, Libraire, rue du Foin S. Jacques.

A VILLEFRANCHE-DE-ROUERGUE,

Chez VEDEILHIÉ, Imprimeur-Libraire.

M. DCC. LXVII.

AVERTISSEMENT.

Robinson Crusoé est de tous les Ouvrages écrits dans son genre, celui dont la lecture est la plus utile aux jeunes gens. Ils y trouvent tout à la fois & des événements qui les intéressent, & des réflexions qui peuvent les rendre sages. Un homme livré à lui-même, dans un Désert, & sans autre ressource que son industrie, pique notre curiosité par la singularité de sa situation; & les retours que fait cet homme sur lui-même, font nécessairement impression sur notre cœur.

Mais l'Original Anglois est souvent diffus, & hasarde quelquefois des maximes dangereuses. On l'a traduit dans notre langue, & on l'a malheureusement traduit avec ses défauts; d'ailleurs le stile de cette traduction est si vieux, qu'on a peine à le soutenir. Voilà ce qui m'a fait naître la pensée de raccourcir, &, si je l'ose dire, de rectifier cet excellent Ouvrage. Mes vues sont louables ; le Public jugera si je les ai remplies.

Il seroit inutile de prévenir mes Lecteurs sur les motifs qui m'ont déterminé à ne leur présenter que l'Isle de Robinson. Ceux qui ont lu tout l'Ouvrage, sçavent que c'est-là le plus beau morceau, & que le reste devient fastidieux à force de réflexions & de répétitions mal placées. Quant à ceux qui ne connoissent pas encore un Roman aussi instructif, j'espere qu'ils me sçauront gré de ne le leur avoir fait connoître que par ce qu'il a de plus piquant & de plus utile.

P. S. Quand j'ai dit que Robinson avoit été traduit avec ses défauts, je n'ai point parlé d'une nouvelle Traduction qui vient de paroître, & que je n'ai point lue.

TABLE
DES CHAPITRES.

PREMIERE PARTIE.

CHAPITRE PREMIER.

Robinson s'embarque pour Londres, Page 1
II. Robinson s'embarque pour l'Afrique, 7
III. Robinson est pris par un Corsaire, 12
IV. Le Capitaine Portugais reçoit Robinson, 24
V. Robinson plante du sucre, 30
VI. Robinson arrive dans son Isle, 37
VII. Robinson retourne à son Vaisseau, 41
VIII. Robinson examine ses effets, 48
IX. Robinson visite son Isle, 50
X. Robinson retourne à son Vaisseau, 53
XI. Robinson choisit sa demeure, 61
XII. Robinson va à la chasse, 66
XIII. Robinson trouve des épics d'orge, 72
XIV. Robinson manque d'être écrasé, 74

TABLE

XV. Robinson veut changer de demeure, 78
XVI. Robinson est malade, 83
XVII. Robinson fait le tour de son Isle, 88
XVIII. Robinson fait ses provisions, 93
XIX. Robinson est confiné dans sa caverne, 98
XX. Robinson s'avance plus avant dans son Isle, 104
XXI. Robinson est de retour dans sa caverne, 110
XXII. Robinson fait des vases de terre, 117
XXIII. Robinson supplée aux autres meubles dont il a besoin, 123
XXIV. Robinson se fabrique un Four, 127
XXV. Robinson fait une Chaloupe, 130

SECONDE PARTIE.

I. Robinson remonte sa garde-robe, 148
II. Robinson visite son Isle par mer, 146
III. Robinson s'entend appeller par son nom, 153
IV. Robinson fait des vases & des corbeilles, 157
V. Robinson se fait une basse-cour, 160
VI. Robinson fait une laitiere, 167
VII. Robinson dine, 169
VIII. Robinson va revoir son canot, 173

DES CHAPITRES.

IX. Robinson voit la marque d'un pied, 177.
X. Robinson veut se cacher, 183.
XI. Robinson voit les debris d'un repas de Sauvages, 193.
XII. Robinson veut sauver les Victimes des Sauvages, 198.
XIII. Robinson trouve une caverne, 205.
XIV. Robinson voit des Sauvages, 211.
XV. Robinson voit un Vaisseau qui fait naufrage, 217.
XVI. Robinson va voir le Vaisseau, 222.
XVII. Robinson se prêche, 229.
XVIII. Robinson sauve la vie à un Esclave, 239.
XIX. Robinson donne un nom à son Esclave, 245.
XX. Robinson instruit Vendredi, 251.
XXI. Religion de Vendredi, 258.
XXII. Vendredi fait un nouveau canot, 261.
XXIII. Des canots arrivent, 271.
XXIV. Robinson fait feu sur les Sauvages, 276.
XXV. Vendredi reconnoît son pere, 282.
XXVI. Robinson veut joindre les Européens, 287.
XXVII. L'Espagnol s'embarque pour le Continent, 150.
XXVIII. Robinson voit un Vaisseau à l'ancre, 164.
XXIX. Robinson sauve un Capitaine, 158.

TABLE DES CHAPITRES.

XXX. Robinson raconte ses aventures, 165
XXXI. Arrivée d'une seconde Chaloupe, 171
XXXII. Le Capitaine recouvre son Vaisseau, 182
XXXIII. Robinson est de retour dans sa patrie, 190

FIN DE LA TABLE.

ROBINSON DANS SON ISLE.

PREMIERE PARTIE.

CHAPITRE PREMIER.

Robinson s'embarque pour Londres.

JE naquis en mil six cent trente-deux, d'une famille honnête, dans le Comté d'Yorck. Mon pere, qui avoit eu dès sa jeunesse, beaucoup plus de bon sens que je n'en aurai de ma vie, avoit commencé par faire sa fortune dans le commerce; il s'étoit marié ensuite; & il s'occupoit, sur ses vieux jours, à élever ses enfants.

A.

Il ne négligea rien pour mon éducation ; déja même il se disposoit à m'établir d'une maniere avantageuse : mais le choix d'un état étoit un point sur lequel nous avions des vues bien différentes l'un & l'autre. J'étois son troisieme fils : l'ainé s'étoit decidé pour la guerre ; il avoit un Régiment ; le second, qui n'avoit voulu rien faire, étoit disparu. Je restois seul ; & pour perpétuer la famille, on me destinoit au commerce : ce projet ne fut point de mon goût. Mes parents vouloient m'attacher dans ma patrie, & mon étoile vouloit que je courusse le pays.

Ma mere m'avoit toujours un peu gâté ; elle pleura, gémit, me pria ; elle me représentoit, avec cette éloquence qui est si naturelle aux meres, quel tort j'allois me faire à moi-même, en préférant à un état tranquille & aisé, une vie errante & exposée à mille dangers ; elle me peignoit, les larmes aux yeux, le bonheur dont elle jouiroit, en voyant le plus chéri de ses enfants faire un jour la consolation de sa vieillesse. Toutes ses remontrances furent inutiles ; elle me toucha, je la plaignis : mais ma résolution étoit prise.

Mon pere m'aimoit ; j'étois devenu le seul de ses enfants sur lequel il pût compter ; toute sa tendresse, & toutes ses vues s'étoient réunies sur moi. Un matin, las de voir que les conseils qu'il me faisoit donner de toutes parts, ne me rendoient pas plus sage, il me fit venir dans son Cabinet. Le bon homme étoit déja sur l'âge, & il avoit la goute. Je crois le voir & l'entendre encore. Il étoit en robe de chambre, assis dans son fauteuil, appuyé sur un de ses coudes, & la jambe étendue sur un tabouret. J'étois debout devant lui, la tête baissée, & mon chapeau à la main. Il me fit un discours très-pathétique & très-sensé sur le bonheur ; je l'écoutai sans lui répondre ; & quand il eut fini de parler, je lui tirai ma révérence, & je sortis. Voilà tout le fruit de sa tendresse, & toute la reconnoissance d'un fils bien né !

Je me promenois au hazard, ennuyé de tous les avis que je venois de recevoir, & me promettant bien de ne pas m'exposer plus long-temps à en recevoir de semblables ; car c'étoit-là l'effet ordinaire des conseils que l'on s'obstinoit à me donner ; plus on s'opposoit à mes désirs, plus on en redoubloit la violence. Dans cette situation d'esprit, je rencontrai un de mes anciens camarades d'école, qui s'en alloit à *Londres* ; il me proposa, en riant, de m'emmener avec lui ; je le pris au mot ; il me préſenta à ſon pere, auquel il ne me fut pas difficile d'en impoſer ſur le motif de mon voyage, & je m'embarquai. J'étois ſans argent, & j'avois dix-neuf ans, pour toute reſſource.

Mon premier coup d'eſſai fut ſi peu heureux, qu'un inſtant après que nous eumes mis à la voile, je me crus mort, à n'en jamais revenir ; il s'éleva tout-à-coup une tempête furieuſe, qui vingt fois manqua de nous briſer contre le port même que nous venions de quitter. Je ne connoiſſois la mer & les vents, que par les deſcriptions que j'en avois lûes dans mes Auteurs ; mais quand je vis ſe réaliſer ſous mes yeux les mêmes dangers dont la peinture ne m'avoit point épouvanté dans les Poëtes, alors tous mes projets diſparurent, toutes mes fureurs de voyager s'éteignirent, & je fus ſaiſi d'un effroi ſi puiſſant, que je promis au Ciel, ſi j'échappois à la mort, de ne quitter de mes jours la maiſon paternelle.

Mes vœux étoient ſinceres ; c'étoit au milieu du danger qu'ils étoient formés : mais dans l'inſtant même où mon naufrage plus préſent à mes yeux, me confirmoit encore dans la réſolution de les exécuter, mon Camarade vint à moi, & me frappant avec un sourire ironique, sur l'épaule : — Je crois, Dieu me pardonne, que vous avez peur, me dit-il ! —— Ô Ciel ! m'écriai-je, tout étonné, quoi ! vous ne tremblez pas ! La tempête !.... —— Bon, reprit-il avec un éclat de rire, la tempête ! Remettez-vous, mon très-cher, remettez-vous ; ce n'est-là qu'une *Bouffée.*

Il avoit raison. Quelques jours après, nous fumes assaillis d'un orage si violent, qu'après avoir été pendant trois heures entieres, tantôt élevés jusques aux nues, & tantôt abîmés jusques au fonds de la mer ; enfin il survint un coup de vent qui nous écrasa contre un rocher. Notre Chaloupe étoit en pieces, & nous étions perdus sans ressource ! Heureusement nous apperçumes un Navire à quelque distance de nous ; nous l'appellames aussi-tôt à coups de canon ; il étoit démâté & faisoit eau, il vint pourtant. Nous nous jetames dedans à la hâte. Son équipage & le nôtre, pomperent sans relâche ; & grace à ce double secours, il nous conduisit jusqu'au Canal de *Winternon*, où il s'enfonça. Mais nous étions près du bord alors ; nous le gagnames à la nage, & de là nous nous rendimes tous à *Yasmouth*, à pied. Nous étions plus morts qu'en vie.

J'imaginois qu'aussi-tôt que je serois assez bien revenu à moi, pour prendre une résolution, mon premier désir alloit être de m'en retourner bien vîte chez mon pere ; mais point du-tout, je n'en eus qu'autant d'envie qu'il m'en falloit pour me décider en dernier ressort, sur le parti opposé. Je l'avoue, cette disposition où je me trouvai me surprit ; je ne me croyois pas tant de fermeté, ou pour mieux dire, tant d'obstination.

Mon vœu cependant me donnoit de temps en temps quelques remords ; mais comme ces remords me gênoient, je me hâtai de les étouffer : Qu'irai-je faire maintenant à *Yorck*, me répétois-je souvent à moi-même ! J'ai manqué de mourir, il est vrai ; mais enfin je ne suis pas mort ; pourquoi mourrois-je une autre fois ! Après tout, la mer n'est pas toujours orageuse : si elle a ses revers, tant de fortunes brillantes dont elle fut cause, prouvent aussi qu'elle a ses faveurs. Eh ! où trouver une situation qui n'ait que des agréments, sans aucun mélange de disgrace ? D'ailleurs, ne vaut-il pas mieux encore courir quelques risques de ce côté-là, que d'aller m'exposer aux reproches amers de ma famille, & sur-tout aux railleries insultantes de mes compagnons !

Là-dessus, je crus avoir fait le meilleur raisonnement du monde; & au lieu de retourner sagement sur mes pas, je continuai ma route, & je me rendis à *Londres*.

CHAPITRE II.
Robinson s'embarque pour l'Afrique.

LEs Magistrats d'*Yasmouth*, auxquels nous nous étions adressés après notre naufrage, nous avoient assez bien traités, pour que chacun de nous pût gagner commodement l'endroit où il avoit à se rendre. Je n'ai point su ce qu'étoient devenus les compagnons de mon infortune; mais quant à moi, je ménageai mes fonds avec tant d'économie le long de ma route, qu'arrivé à *Londres*, il me resta de quoi m'habiller d'une maniere décente. Je tâchai de me produire, & le hazard, au bout de quelques jours, me fit rencontrer un Capitaine de Vaisseau, honnête-homme, avec qui je liai aussi-tôt connoissance. Ma jeunesse, & l'état où je me trouvois, l'intéresserent en ma faveur; je lui fis part du projet que j'avois formé, il l'approuva; il fit plus, il me donna des conseils très-sages sur la maniere dont il falloit que je m'y prisse pour tirer quelque fruit du voyage que je méditois. Comme ses conseils s'accordoient parfaitement avec mes désirs, j'y fus si docile, que je le laissai disposer de tout à sa fantaisie. Du reste, il m'offroit de me prendre par amitié, sur son Vaisseau, de me donner sa table, & de me procurer, en un mot, tous les agréments qui dépendroient de lui.

Un bonheur ne vient jamais seul. Tandisque mon honnête Capitaine me faisoit ces offres obligeantes, ma mere, qui avoit su que je m'étois embarqué pour *Londres*, m'y avoit fait tenir quarante livres sterling, que j'employai en marchandises. Si je n'avois pas été un fat, au lieu de trancher du Gentilhomme, je me serois loué tout simplement en qualité de Matelot; par ce moyen, j'aurois appris à me conduire sur mer, puisque j'avois la fureur de courir cette périlleuse carriere; mais quand on a dix-neuf ans & quarante livres sterling, on est loin d'être prudent. Au moins ne l'étois-je pas ; & l'idée de partir avec le titre d'ami du Capitaine, me parut au-dessus de toute la science de la Marine.

Ce voyage, le seul qui ne m'ait pas été contraire, acheva de me tourner, & de me faire perdre la tête. Mes marchandises étoient si bien choisies ; elles furent si tôt vendues ; elles le furent à si haut prix ; & je revins si riche, que je me regardois, sinon comme le plus habile, dumoins comme le plus heureux Commerçant qui eût encore navigé : —— Et voilà ce que c'est que de s'opiniâtrer un peu à suivre ses premiers mouvements, me disois-je alors à moi-même ! Si j'avois eu la simplicité de me laisser abattre au premier coup que m'a porté la fortune, où en serois-je à présent ? Je faisois vœu de ne jamais me remettre en mer : à quoi pensois-je ? ——

Je me rappellois les prédictions désastreuses dont mon pere avoit assaisonné le dernier discours qu'il m'avoit tenu ; & je me disois, avec cet air insolent que donne la prospérité, sur-tout quand elle n'est point méritée : Qu'il étoit naturel que mon pere eût eu peur, puisqu'il étoit vieux ; mais qu'à mon âge, il eût été ridicule de déférer aux avis d'un homme du sien.

Je me représentois *Yorck*, comme un point imperceptible, où, selon les dispositions de ma famille, il auroit fallu m'ensevelir tout vivant, pour y faire une fortune obscure & tardive, à force de travail & d'inquiétudes ; tandisque, d'après le plan que je me proposois de suivre, j'allois devenir Citoyen de l'Univers, & me voir, en peu de temps, possesseur de richesses immenses ! Un Négotiant, humblement confiné dans sa Ville, me paroissoit un être si peu distingué du vulgaire, qu'il entroit plus de mépris que de compassion, dans les sentiments que m'inspiroit son état ; mais un mortel généreux, qui, comme moi, en courant à travers mille dangers, les quatre parties du monde, se disposoit à se faire rapidement son sort à lui-même, me sembloit être le premier des hommes.

Cependant, car il faut tout dire : malgré toutes mes prospérités dans le voyage qui m'avoit enrichi, je n'avois pas laissé que d'éprouver en route, quelques petites traverses. D'abord j'avois toujours été ou malade, ou prêt à le devenir ; d'un autre côté, comme j'étois fort ignorant, & que le naufrage par où j'avois débuté, ne me rassuroit pas, toutes les fois que le moindre changement de temps obligeoit les Matelots de faire une manœuvre différente, j'imaginois toujours que j'allois périr ; pour comble de maux enfin, la chaleur excessive du climat où nous abordames, me donna une fievre ardente, que je conservai tant que nous fumes à terre, & dont je ne me vis guéri, que par la crainte où me jeterent les périls que nous courumes à notre retour; ensorte qu'à tout confidérer, je ne fus rien moins qu'à mon aife, tout le temps que je paffai hors de *Londres*. Mais dès que j'y fus revenu, maladie, craintes, fievre, dangers, tout difparut; j'étois même d'autant plus déterminé, que dans l'occafion, j'avois été plus timide. C'étoit un plaifir de m'entendre faire le récit de mes proueffes; feulement j'évitois de les raconter devant ceux qui avoient été témoins du contraire.

Il m'arriva encore un malheur. Environ trois femaines après que nous fumes débarqués, je perdis l'honnête homme auquel je devois ma petite fortune, & avec lequel je me préparois à faire un fecond voyage. Il avoit réfifté quarante ans, à la fatigue & aux tempêtes; & un rhume l'enleva en quatre jours! Sa mort dérangea un peu les projets que j'avois médités; elle m'occafionna même quelques réflexions affez triftes. Mais enfin, le Pilote de fon Vaiffeau en ayant pris le commandement, j'oubliai mes chagrins, je pris de nouvelles mefures avec le nouveau Capitaine, & nous nous difpofames à retourner enfemble aux bords de l'*Afrique*. Je dis que nous nous *difpofames*; car helas, il s'en fallut bien que notre projet ne fût rempli ! Et c'est ici que commence l'Histoire de mes infortunes ; mais il ne faut rien anticiper ; j'aurai tout le temps de me plaindre.

CHAPITRE III.

Robinson est pris par un Corsaire.

JE n'avois point disposé de tout mon argent ; je n'en avois au contraire employé qu'une partie, & jamais je ne fus si sage. Il est vrai que cette précaution ne venoit pas de moi ; c'étoit le dernier conseil que m'avoit donné mon ami le Capitaine, avant que de mourir. Sa veuve, d'un autre côté, s'étoit offerte à me garder ce que je n'emporterois pas ; je mis ma confiance en elle, & j'eus tout lieu de m'en applaudir dans la suite.

Nous partimes. Je me rendois déja compte du profit que j'allois faire sur mes marchandises : je me proposois de les vendre au même taut, pour le moins, que la premiere fois ; & de cette vente il résultoit, selon mon calcul, que j'arrondissois assez bien mes petites affaires, pour voler de mes propres ailes, & n'avoir plus besoin de m'associer avec personne. Mais, comme le dit un proverbe, qui malheureusement pour moi, n'en a point eu le démenti : On s'expose à compter deux fois, lorsque l'on compte sans son hôte.

Nous avions le vent en poupe, & je courois vers la fortune, à pleines voiles, quand nous rencontrâmes sur notre chemin un maudit Turc, qui, se voyant plus fort que nous, & prenant la peine de se détourner, pour avancer à notre rencontre, nous fit entendre d'une maniere très-claire, quoique un peu brutale, qu'il venoit prendre possession de notre Bâtiment. Il avoit dix-huit canons bien montés ; & nous n'en avions que douze, encore étoient-ils assez mal en ordre. Nous nous défendîmes pourtant avec courage, à ce que me dirent au moins mes camarades ; car pour moi, dèsque j'eus apperçu le Corsaire, la peur me brouilla tellement tous les objets, que je n'y étois plus. Mais qu'ils se fussent battus courageusement ou non, toujours est-il vrai que nous eumes le dessous, & qu'il fallut céder.

L'Ecumeur entre les mains de qui nous tombâmes, n'étoit qu'un Brigand subalterne, & voloit au profit de l'Empereur ; tout l'Equipage fut donc conduit dans les jardins du Serrail, & moi seul je restai auprès du Capitaine, qui, sur ma jeunesse

& sur ma bonne mine, me fit la grace de m'admettre à l'honneur de le servir lui-même.

Dèsque je me vis esclave, je me crus perdu sans ressource ; condamné jusqu'à la mort, à la derniere & à la plus dure des conditions, je n'avois plus que l'espérance accablante d'abréger la durée de mes maux par leur excès, & de rendre une vie pénible, au printemps de mes jours, dans le sein de l'avilissement & du malheur. Cependant, après quelques jours de désespoir, je remarquai avec étonnement, que si je savois me conduire, mon sort, à la liberté près, ne seroit peut-être pas si à plaindre. En effet, pour un Turc, mon Ecumeur me traitoit avec assez de bonté. Je m'attachai donc à lui rendre tous les services dont j'étois capable ; & bientôt, à force d'attention à prévenir tous ses désirs, & à exécuter promptement tous ses ordres, je l'amenai au point qu'il ne pouvoit plus se passer de moi.

Ce n'étoit pas pour lui que je le servois avec tant de zele ; & on peut croire que j'avois mon but, en me rendant nécessaire. — Mon homme se rembarquera, me disois-je, & ne manquera pas de m'emmener avec lui. Il se peut qu'en voulant prendre les autres, il soit pris lui-même. Il est possible encore, que ceux qui le prendront, soient d'honnêtes gens ; & alors je serai sûr de ma liberté, en racontant seulement ma malheureuse aventure.

Quoiqu'un peu tiré, ce raisonnement-là étoit fort bon ; mais pour qu'il vînt à bien, il falloit que mon Turc le fît, & justement il en fit un tout contraire ; car il partit & me laissa chez lui, pour avoir soin de son jardin pendant son absence. Il fallut donc me résoudre, prendre mon mal en patience, & attendre une autre occasion. A son retour, comme j'étois devenu son homme de confiance, ce fut moi qu'il chargea de coucher toutes les nuits dans sa cabane, & de veiller sur son Vaisseau. Je songeois toujours à m'échapper ; & le premier soin qui m'occupoit dans chacune des commissions qui m'étoient confiées, c'étoit d'examiner si je n'en pouvois pas tirer parti pour remplir mes vues ; mais en dépit de toute ma bonne volonté, il n'y avoit pas d'apparence que je réussisse à me sauver tout seul pendant la nuit sur un gros Navire ; ainsi mon nouvel emploi ne me fut d'aucun secours.

Enfin, l'occasion que je cherchois, & qui sembloit m'avoir fui, se présenta d'elle-même, au bout de deux ans. Le temps de s'embarquer approchoit, & il étoit venu même ; & faute d'argent, mon Corsaire ne s'embarquoit pas. Dans le dessein d'en tirer de quelques-uns de ses amis, il les invita à souper ; car en Turquie, comme ailleurs, on commence toujours par donner à ceux auxquels on demande. C'étoit lui-même ordinairement qui alloit à la pêche ; mais il avoit ce jour-là une affaire plus importante à terminer, & j'eus ordre d'y aller en sa place. Les menues provisions étoient déja portées au Vaisseau. J'ai dit que j'en avois l'intendance ; j'ajouterai maintenant que pendant la nuit, j'y pris des fusils, de la poudre, du plomb, du biscuit ; en un mot, tout ce dont je prévoyois avoir besoin. Ma petite cargaison transportée dans la Barque, l'heure de partir arriva, & je mis à la voile.

Rendu au lieu de la pêche, je jetai mes lignes ; le Poisson s'y prit, mais je ne fus pas assez sot pour le tirer. Après deux heures environ d'empressement & de travail, que j'avois très-grand soin de rendre inutile : — Nous ne faisons ici rien qui vaille, dis-je à mes compagnons ; & notre maître n'entend point raillerie ; essayons si nous ne serons point plus heureux, en allant un peu plus loin. — Nous avançames en effet ; mais nous ne réussîmes pas davantage. A la fin, en nous éloignant toujours,

& en ne prenant jamais rien, je me trouvai à une distance honnête de l'habitation de mon Corsaire. C'étoit-là l'unique but où je tendois ; je saisis donc le premier moment favorable ; le Maure qui m'accompagnoit se baissa, je le surpris dans cette posture, & le poussant un peu rudement par derriere, je le jetai à l'eau.

Le pauvre garçon s'imaginoit que je m'étois mépris, & tâchoit de regagner la Barque ; mais je lui fis signe de retourner sur ses pas, & je lui dis avec le ton d'un homme qui vouloit en être cru sur sa parole : — Mon cher ami, si vous faites le moindre effort pour me rejoindre, je vous tue d'un coup de fusil ; vous êtes excellent nageur ; partez, & allez dire à votre maître, qui étoit tout-à-l'heure le mien, que j'ai pris la liberté de quitter son service. — Mon discours lui parut d'autant plus pathétique, qu'il étoit appuyé de deux balles toujours braquées contre lui ; il n'insista donc point, & s'en alla. Comme il nageoit à merveilles, je ne doute point qu'il ne soit arrivé à bon port ; en tout cas, la nécessité n'a point de loi ; & il falloit, pour me tirer d'esclavage, que je commençasse par me debarrasser de lui ; s'il a été la victime de mes arrangements, j'en suis au désespoir ; car je ne lui voulois aucun mal ; mais ne pouvant me fier à lui, je n'avois d'autre parti à prendre que celui de m'en défaire.

Mon Maure, expédié, il ne restoit plus avec moi dans la Barque, qu'un jeune enfant, nommé *Xuri*. L'air brusque & malhonnête que j'avois mis dans mon procédé à l'égard de son camarade, lui faisoit peur ; il étoit dans un coin, se rappetissant de toute sa force, & tremblant de tous ses membres. — *Xuri*, lui dis-je, pour le rassurer ; si vous me promettez d'oublier votre premiere condition, & de vous attacher à moi, je vous promets à mon tour, de vous en récompenser ; mais si.... vous m'entendez, *Xuri*, je vous jete à l'eau.— Le pauvre enfant me jura si naïvement qu'il me seroit fidele, & que je pourrois compter sur lui, qu'après lui avoir donné toutes les instructions qu'exigeoit l'état actuel de nos affaires, nous continuames ensemble notre route.

J'étois libre ; c'étoit un grand point : mais j'étois d'ailleurs fort inquiet & fort mal à mon aise. Dès que le jour fut tombé, & que le Maure ne fut plus en état d'épier ma marche, je tournai le gouvernail, & je pris un autre chemin, pour n'être pas rencontré, si par hazard on envoyoit après moi. Pendant cinq jours que nous eumes le vent en poupe, nous allames à force de voiles :

mais le sixieme, les vents changerent, & l'eau nous manquoit. Je m'approchai aussi-tôt des Côtes, dans l'intention de mettre ma Barque à l'ancre, & d'aller à la nage reconnoître le pays. Il étoit tard; nous entendimes des hurlements si affreux, que malgré le besoin que nous avions de prendre terre, nous nous en éloignames bien vîte.

Xuri trembloit, & dans le fonds je n'étois pas trop rassuré moi-même, sur-tout quand j'entendis une masse énorme qui venoit de se jeter dans l'eau, & que je crus qui avoit dessein de nous poursuivre. Nous ne savions quel animal c'étoit, puisque nous ne le voyions pas; seulement nous jugeames, au bruit de ses nazeaux, qu'il devoit être d'une grandeur monstrueuse. Comme il avançoit toujours, je me persuadai que je n'avois point de temps à perdre, & me jetant sur mon fusil, dans lequel je remis encore deux autres balles, je tirai à l'endroit où j'entendois le bruit; mais la pauvre bête, qui apparemment ne songeoit point à nous, eut à peine entendu le coup, qu'elle prit à l'instant même, une autre route, & s'en retourna plus vîte qu'elle n'étoit venue. Etoit-elle blessée? Ne l'étoit-elle pas? C'est ce que je ne sais point, & ce dont je n'eus aucune envie d'aller m'informer ; mais ce que je sais très-bien, c'est que tandisqu'elle fuyoit, mille cris horribles retentissoient de toutes parts à nos oreilles. Tous les Monstres de ces Déserts affreux, s'étoient, je crois, rassemblés pour nous régaler de leur épouvantable musique: elle dura toute la nuit.

Cependant nous avions besoin d'eau : — Maître, me dit *Xuri* dèsque le jour eut commencé à reparoître, si vous voulez me permettre d'aller à terre, je vous promets de vous en apporter. — Comment, lui répondis-je, vous voir que je crains moi-même de trop m'exposer en y allant ; & vous voulez en courir les risques ? — Oh, reprit-il, *c'est que si les Sauvages-hommes, ou les animaux viennent, eux manger-moi, & point maître.* — *Xuri* ne savoit pas mieux s'expliquer. Tant de zele, & ce désir de sauver mes jours, en sacrifiant les siens, me pénétrerent : — Non, mon ami, lui répondis-je, non, je ne ménagerai point ma vie, tandisque tu prodigueras la tienne. Nous allons partir ensemble ; & s'il y a quelque danger, nous le partagerons tous deux.

Nous mimes à l'ancre aussi-tôt ; je pris un fusil, j'en donnai un à *Xuri*, &, sans autre réflexion, nous nous jetames à la nage. Nous cherchions une source, *Xuri*, dont les yeux étoient meilleurs que les miens, en apperçut une à un mille environ; il y courut. Je le vis revenir quelque temps après, il accouroit à toutes jambes; je crus qu'on le poursuivoit, je fus à lui : — Eh bien, *Xuri*, lui dis-je, qu'est-ce? — Maître, me répondit-il, j'ai trouvé de l'eau, & j'ai tué une bête; la voilà, — & en achevant ces mots, il jeta l'animal à mes pieds. Je l'examinai; il ressembloit à un lievre, sans cependant en être un. Quoi qu'il en soit, nous le fimes cuire à la hâte; sa chair étoit fort bonne, & nous fit un très-grand plaisir.

Nous continuames long-temps de côtoyer le rivage, tâchant toujours de découvrir quelque figure humaine, & n'y réussissant jamais. Nous avions eu beau vivre d'économie, nos provisions étoient presque épuisées; & bientôt nous allions être réduits à mourir de faim; cette crainte nous faisoit souffrir par avance, toute l'horreur du mal dont elle nous menaçoit. Enfin, nous entrevimes un homme qui, à notre vue, jeta une espece de cri que nous ne comprimes point d'abord, mais dont nous n'ignorames pas long-temps la cause; car en un instant nous vimes accourir une quantité prodigieuse d'hommes & de femmes tout nuds, qui se rangerent à l'envi sur le bord de la mer, comme pour nous voir passer.

Leur affluence ne nous effraya point autrement ; nous étions hors de leur portée, & il n'y en avoit qu'un seul d'entr'eux, qui fût armé, encore ne l'étoit-il que d'un baton.

Je leur fis signe que nous manquions de vivres ; ils ne m'entendoient point. Je répétai tant de fois mes signes, & je les rendis si expressifs, qu'à la fin une femme de la troupe m'en fit d'autres que je n'entendis guere plus qu'elle n'avoit d'abord entendu les miens : mais comme elle se prit à courir de toute sa force, j'attendis, à tout évenement, qu'elle fût de retour. Il y avoit une demi-heure environ, qu'elle étoit partie, quand je la vis revenir chargée d'autant de provisions qu'elle en pouvoit porter : elle les mit sur le bord de la mer, & me fit comprendre avec la main, que je pouvois les y venir prendre. Malgré la faim qui me pressoit, j'avois peine à me determiner ; & ma peur l'emportoit presque sur mon appétit, quand ces braves gens s'appercevant de mon inquiétude, s'empresserent à m'en tirer, en s'éloignant du rivage. Je m'y rendis aussi-tôt, & je rentrai dans ma Barque au même instant ; ils revinrent, & me témoignerent tous par leurs gestes, qu'ils étoient ravis de m'avoir obligé. Je n'avois rien à leur offrir. En revanche des vivres dont ils m'avoient fait préfent ; & réduit à ne pouvoir mieux faire, je me contentois de les remercier de tout mon cœur par fignes, lorfqu'il fe préfenta une occafion bien naturelle de les payer fur le champ, avec ufure, du fervice qu'ils venoient de me rendre. Un animal furieux accouroit du haut des montagnes ; ils prirent tous la fuite, & celui d'entre eux qui étoit armé de fon baton, refta feul. Je pris mon fufil, & vifant la bête féroce à la tête, je l'étendis roide morte fur la place. Ils revinrent encore une fois fur leurs pas, bien étonnés d'avoir vu tomber le Monftre, & ne concevant point comment je l'avois tué : mais comme toutes mes explications leur auroient été inutiles, je les laiffai dans leur furprife, & je continuai ma route.

Grace aux bienfaits des Sauvages, nous vivions ; mais bien qu'ils nous euffent donné tout ce qui dépendoit d'eux, leur libéralité ne nous conduifit pas fort loin ; & nous ne tardames pas à nous retrouver dans la même difette qu'auparavant. De temps en temps, nous voulions approcher du bord, mais il étoit toujours fi infecté d'animaux terribles & menaçants, qu'il n'y avoit pas moyen de s'y expofer ; il nous fembloit moins dur encore & moins affreux de mourir de befoin, que d'être dévorés tout vivants. J'étois fort triste. Abandonné de toute la terre, seul avec un enfant dans une Barque, sur une mer immense, & n'ayant pour unique ressource, que le voisinage effrayant des Tigres & des Lions, j'étois prêt à céder, dans mon désespoir, au malheur de ma destinée, quand *Xuri* s'écria tout-à-coup, qu'il appercevoit un Vaisseau. Cette vue l'avoit transi, & il étoit tombé de frayeur, imaginant que c'étoit le Turc son maître & le mien, qui venoit lui-même à notre poursuite. Pour moi, qui savois bien que ce ne pouvoit être lui, & que cette espérance avoit déja ranimé, je pris ma lunette, & je vis très-distinctement un Navire Portugais, que nous nous hâtames de joindre.

CHAPITRE IV.

Le Capitaine Portugais reçoit Robinson.

LE Vaisseau que nous venions de découvrir, étoit loin de nous, & avançoit à toutes voiles. D'abord nous tirames tous nos fusils, pour tâcher de nous en faire entendre ; puis, la nécessité nous donnant de nouvelles forces, nous redoublames

mes de zele & d'ardeur pour accélérer notre marche. Nous tirions de temps en temps, en reprenant haleine, pour voir si nous n'étions point à portée d'être entendus. Ce violent exercice nous occupa trois heures entieres, sans rien produire : à la fin, le Vaisseau s'arrêta ; à cette vue, nous nous sentimes ranimés d'une vigueur nouvelle ; & après un travail & des efforts incroyables, nous abordames, encore plus épuisés de joie que de fatigue.

Le Capitaine étoit sur sa poupe, & me reçut avec bonté. Je lui racontai mon infortune, il me répondit — : Que véritablement il n'avoit rien entendu, mais qu'appercevant de loin quelque fumée, il avoit mieux aimé s'exposer à ralentir à faux sa course, que de manquer à sauver quelque malheureux qui eût besoin de son secours. — Je suis charmé, ajouta-t-il, de m'être trouvé si à propos pour vous tirer d'affaire ; car, dans l'état où vous êtes, votre sort, sans mon secours, étoit fort à plaindre. Mais comptez sur moi ; je vous rendrai, pour le réparer, tous les services dont je pourrai être capable. —

On peut juger quels furent mes transports & ma reconnoissance, en me voyant si humainement accueilli de l'honnête Portugais ; la situation dont il venoit de me

B

délivrer étoit si affreuse, que je craignois presque que mon bonheur ne fût un songe. Il me fit servir un repas copieux, auquel je fis honneur ; & lorsque j'eus mangé, il me força de me mettre au lit, où je dormis peu, mais d'un très-profond sommeil. Il étoit auprès de moi, quand je m'éveillai ; dès que j'eus les yeux ouverts, je lui réitérai mes remercîments, & je lui offris tout ce que j'avois. Il me répondit généreusement qu'il ne vendoit point le bien qu'il pouvoit faire : — D'ailleurs, vous aurez besoin de tout ce que vous m'offrez, ajouta-t-il, & loin de vous en priver, je vais vous mettre en état d'en tirer parti. Vous êtes jeune, vous allez être transplanté dans un pays étranger ; de l'argent & un sage conseil sont les deux effets qui vous sont le plus nécessaires, écoutez-moi : Je ne puis que vous conduire dans le *Bresil*, où j'ai ordre de me rendre ; mais j'y ai quelques amis, & je me ferai un devoir de vous mettre entre leurs mains. Votre air & vos manieres annoncent de l'esprit & de l'adresse ; leur commerce n'est rien moins que difficile ; vous y réussirez aisément, & bientôt ils s'attacheront à vous, par les services que vous serez à portée de leur rendre.

Lorsqu'une fois vous serez instruit, continua-t-il, sans doute vous désirerez de travailler à votre propre fortune ; les moyens en sont faciles, & je vais vous les indiquer : vous avez une Barque qui ne peut plus vous être d'aucune utilité ; j'en ai besoin, nous la ferons estimer à notre arrivée, & de sa vente, ainsi que de celle des effets qu'elle renferme, vous composerez une somme, qui ne sera point considérable, il est vrai, mais avec laquelle vous pourrez commencer du-moins à faire quelque entreprise pour vous-même. Votre esclave peut vous rapporter quelqu'argent encore ; ou, comme vous lui paroissez fort attaché, si vous avez quelque répugnance à le vendre à des inconnus, il passera de vos mains dans les miennes ; & sa condition sera d'autant moins désagréable, ajouta-t-il, en regardant *Xuri*, que pourvu qu'il veuille se faire Chrétien, je lui promets sa liberté après dix ans de service.—

Le discours du Capitaine m'avoit tellement étonné, que je n'avois pas la force d'y répondre. Son premier abord m'avoit bien annoncé une ame généreuse & compatissante ; mais je ne m'attendois pas qu'il dût porter la bienfaisance & l'humanité à cet excès. Quand j'eus repris mes sens,

& digéré en quelque sorte, ma bonne fortune, je regardai tendrement mon bienfaiteur ; & me jetant malgré lui, sur sa main, que je baisai mille fois : — Vous avez pour moi l'amour & les tendres inquiétudes d'un pere, m'écriai-je les larmes aux yeux ; j'aurai éternellement pour vous la reconnoissance, le respect & la soumission d'un fils. —

Je lui parlai ensuite des fonds que j'avois laissés à *Londres* ; & sans attendre que je le priasse de s'employer à me les faire venir, il me donna là-dessus un avis sage & prudent, auquel je ne manquai pas de me conformer. Cet avis consistoit à ne demander d'abord que la moitié de la somme : — Nous ne disposons point des évenements, me dit-il, je peux retourner heureusement en *Angleterre*, & faire naufrage en revenant au *Brésil*. Que deviendroit alors toute votre fortune, si j'en étois chargé ? Au lieu qu'en prenant la précaution de n'en risquer qu'une partie, l'autre ne courra aucun danger, & vous serez toujours maître d'y avoir recours en cas de besoin. —

Tout en prenant ces arrangements, nous arrivames. Le premier soin qui occupa mon Portugais dès qu'il fut à terre, fut celui de me tenir la parole qu'il m'avoit donnée, en cherchant à me placer chez le plus honnête & le plus riche particulier du lieu. Ma Barque, mon esclave, & jusqu'au moindre des effets dont j'étois possesseur, il fit tout estimer devant moi, me paya tout ; & lorsqu'il fut sur le point de se rembarquer, il vint me revoir, & prendre le billet à ordre que j'avois écrit par son conseil, à la veuve de *Londres*, à qui j'avois confié deux cent livres sterling, en partant. Toutes ses affaires terminées, il mit à la voile avec ma lettre, me laissant aux mains d'un brave Négotiant, auquel il m'avoit recommandé avec autant d'affection, qu'il auroit pu recommander son propre fils. Je fus lui dire adieu, la veille de son départ ; nous nous embrassames. Ses bontés pour moi m'avoient tellement pénétré, que je ne pus le quitter qu'avec un serrement de cœur qui m'ôta pour quelque temps, la parole, & dont, sans les soins qu'on prit de me distraire, j'aurois peut-être été très-sérieusement malade.

CHAPITRE V.

Robinson plante du Sucre.

J'AVOIS commencé mes caravannes par être simple passager dans un Vaisseau d'ami, où je n'avois rien payé, mais où, en revanche, j'avois risqué de périr ; après mon naufrage, un brave homme m'avoit pris sous sa protection, & j'étois devenu Marchand ; tout prêt de faire fortune, un Turc s'étoit emparé de moi, & je m'étois vu esclave ; redevenu libre, un Passant m'avoit recueilli sur son Vaisseau, & je me trouvois garçon-planteur de Sucre ; riche matiere à réflexion pour ceux qui en voudront faire ! Quant à moi qui n'en faisois guere alors, au lieu de perdre mon temps en plaintes & en remords inutiles, je débutai tout simplement par m'appliquer de bonne grace, à mon nouveau metier. Il n'exigeoit pas une adresse merveilleuse; & tous ceux qui l'exerçoient avec quelque bonheur, devenoient si immensement riches, & le devenoient en si peu de temps, qu'à mon gré, une situation si favorable me payoit avec usure, tous les maux que j'avois soufferts.

Mon bon ami le Capitaine étoit retourné à *Londres*, je l'ai déja dit ; l'honnête veuve qui avoit mon argent, lui en avoit remis la moitié ; il avoit employé cette moitié en marchandises, & ces marchandises m'étoient arrivées de bonne heure. Elles consistoient en ouvrages de fer de toute espece, & en ustenciles nécessaires aux plantations ; tous effets dont on avoit le plus grand besoin dans le *Bresil*, & conséquemment que je vendis fort cher.

L'ambition me dévoroit. Dès que ma vente fut finie, je me pourvus de lettres de naturalisation ; c'étoit le premier pas qu'il falloit faire. En vertu de ces lettres, je pouvois posséder un fonds de terre en propre ; j'usai aussi-tôt du privilege, & je fis marché d'un terrein vacant, dont la grandeur se trouva heureusement proportionnée à la somme que j'avois dessein d'y mettre. Quelle que soit une entreprise, elle est toujours promptement exécutée, lorsque celui qui s'en est chargé, peut fournir aux dépenses qu'elle exige. Ma terre fut donc bientôt en état ; le sucre que j'y plantai, me rapporta d'ailleurs si abondamment la premiere année, que dès la seconde, je me vis assez opulent, pour étendre mon commerce, & entreprendre en même temps le Sucre & le Tabac, co qui est le *non plus ultrà* du lieu. Un autre se seroit ruiné, en tenant une pareille conduite ; je m'enrichis. Tout me réussit à souhait ; tout produisit au centuple ; & si j'eusse été plus sage ; si au lieu de m'épuiser en désirs & en chimeres, je me fusse contenté d'améliorer plus lentement mon état, & de jouir en même temps de ma bonne fortune, il y a toute apparence que j'aurois vécu trop heureux & trop à mon aise, le reste de ma vie ; mais il étoit de mon étoile que la tête me tournât dans la prospérité ; & il falloit, pour remplir ma destinée, que je me persécutasse moi-même, quand le sort ne me persécutoit pas. J'avois un de mes compatriotes pour voisin ; cette circonstance, & la nécessité du commerce, nous avoit liés ; je le voyois souvent. Plus sage que moi, le bon homme étoit content de son sort ; & comme ses affaires étoient un peu plus avancées que les miennes, je me disois : — Quand je l'aurai atteint, je me reposerai comme lui. — Je l'atteignis ; je le surpassai même, & je ne me reposai pas. Ô ambition, fureur de s'aggrandir & de paroître, quand l'homme te croit, il est perdu ! A peine ma situation me permit-elle de faire des sottises, qu'au lieu de vivre tranquillement avec mon voisin, je brûlai de m'insinuer parmi ceux de mes confreres, qui jouoient au *Bréfil* le plus grand rôle; & comme jamais je n'avois fu m'arrêter, j'afpirai bientôt à occuper le premier rang parmi eux. Ils tenoient confeil tous les jours, dans la Place publique; & j'étois très-exact à m'y rendre, prêtant à tout une oreille attentive, & attendant avec impatience qu'il s'agît de quelque point dont je fuffe inftruit, & que je puffe difcuter de maniere à me faire un nom dans l'Affemblée.

L'occafion après laquelle je foupirois, fe préfenta; mon orgueil même fut d'autant plus agréablement flatté, que, grace aux circonftances, j'étois le feul dont les lumieres pouvoient alors détruire un obftacle auquel jufques-là tous les Bréfiliens avoient inutilement tâché de trouver un remede. Voici ce dont il étoit queftion.

Nous manquions d'efclaves. C'étoit l'Empereur lui-même qui en faifoit le commerce; conféquemment ils paffoient par tant de mains, qu'ils nous revenoient à un très-haut prix. D'un autre côté, leurs fervices nous étoient d'une néceffité indifpenfable; en effet, comment cultiver nos terres fans eux? Comment fuffire à un détail immenfe, nous fur-tout qui formions de grandes entreprifes? Mais auffi, comment en acheter au taux où les avoit mis l'Empereur:

nous y aurions épuisé nos fortunes.

Cette difficulté, comme on voit, valoit bien la peine qu'on songeât à la lever ; aussi faisoit-elle le sujet ordinaire de nos réflexions. Chacun proposoit à son tour, les moyens qui étoient les plus propres à nous tirer d'embarras ; on examinoit ces moyens; on les pesoit attentivement ; mais on n'en trouvoit pas de satisfaisants. Enfin, lorsque les Anciens se furent expliqués tous, & que leur avis eût été rejeté, je pris la parole ; j'avois été dans le pays dont il s'agissoit, & je dis : — La voie la plus simple, & peut-être la seule que nous ayons à prendre, est d'envoyer, à nos frais, un homme de confiance sur les lieux ; pour peu qu'il soit instruit, il pourra nous acheter à vil prix, le nombre d'esclaves dont nous avons besoin ; & à son retour, il ne tiendra qu'à nous de les répandre dans nos Plantations, avec assez d'adresse & de sureté, pour que le Gouvernement ne s'en apperçoive pas.—

Je prononçai ce discours d'un ton de voix si ferme ; je parus si au fait ; je prouvai si invinciblement l'avantage du parti que je proposois, que mes confreres, après y avoir réflechi, m'envoyerent, le lendemain, deux Députés, avec ordre de me consulter sur les mesures qu'exigeoit une pareille entreprise. Nous conférames long-temps, les deux Députés & moi, mais toujours sans aucun fruit; parce qu'il nous falloit préliminairement, un homme de tête, à qui nous puissions confier notre projet, sans courir de risque, & qui fût en état de l'entendre & de l'exécuter. Cet homme ne se trouvant pas, en dépit de toutes nos recherches, nos desseins menaçoient de tomber en ruine. J'en étois vivement affecté; outre que l'affaire étoit importante en elle-même, c'étoit moi qui l'avois conseillée; & si elle venoit à manquer, je me verrois perdu d'honneur.

Pour parer tout d'un coup à cet inconvénient, je portai l'extravagance jusqu'à me proposer moi-même pour l'exécution. Je dis l'extravagance, & je ne crois pas que personne m'en dédise; car il y en avoit sûrement dans ma conduite : mais j'étois loin d'être sage, lors même que je n'avois aucun intérêt à être fou; comment n'aurois-je pas donné dans tous les excès, quand mon amour-propre étoit de la partie! D'ailleurs, il y avoit long-temps que je m'ennuyois d'être heureux; ma plantation m'avoit beaucoup plu, tant qu'elle s'étoit augmentée : mais actuellement qu'elle étoit à son plus haut point, & que tout mon travail ne pouvoit que l'entretenir, cette uniformité m'assommoit. J'entrevoyois quelque jour à augmenter mes richesses & mon état, avec quelques esclaves de plus : mais pour avoir ces esclaves, il les falloit aller chercher ; & personne ne voulant s'exposer aux dangers qu'entraînoit une commission si périlleuse, je crus devoir m'en charger, d'autant mieux que peut-être rencontrerois-je sur ma route, quelque incident favorable, dont je pourrois encore tirer parti.

A peine eus-je déclaré ma résolution, que j'eus tout lieu d'être satisfait des éloges qu'elle m'attira de tous côtés. On ne me donna point le temps de réfléchir sur l'imprudence de ma démarche : on s'offrit en foule, pour avoir soin de ma plantation ; on m'équipa un Vaisseau, on le remplit de toutes les marchandises que je désirai, & je partis.

CHAPITRE VI.

Robinson arrive dans son Isle.

MON Vaisseau étoit d'environ cent vingt tonneaux ; il étoit armé de six canons, & portoit quatorze hommes, en y comprenant le Capitaine, son garçon & moi. Je ne l'avois chargé que de marchandises propres pour le commerce que je voulois faire ; c'est-à-dire, de pieces de glace, de coquilles, & sur-tout de petits miroirs, auxquels j'avois ajouté des couteaux, des ciseaux, des haches, quelques matelats ; en un mot, tout ce qui étoit à meilleur compte dans le pays où j'étois, & qui se vendoit à plus haut prix dans celui où j'allois me rendre.

Dès que tous les préparatifs nécessaires furent achevés, je fus conduit à bord en triomphe, par le plus grand nombre de ceux de mes confreres les planteurs, qui étoient pour leur part, dans mon entreprise. Le même jour, il s'éleva un vent favorable ; je renvoyai mes conducteurs après dejeûner ; ils me souhaiterent un heureux voyage, & nous mimes à la voile.

Je pouvois vivre tranquille ; j'avois eu la fureur de me rembarquer ; & je ne tardai pas à en être puni. Pendant les premiers jours de notre navigation, où nous n'avions qu'à souffrir des chaleurs excessives du climat, je prenois assez mon mal en patience ; les idées flatteuses dont j'aimois à me bercer, me dédommagerent de tout : mais un beau jour, deux vents opposés soufflent tout-à-coup avec violence, se croisent sur notre tête, & nous écartent de notre route : dans le même instant, la pluie, le tonnerre, les éclairs, conjurent notre perte ; & après toutes les horreurs de la plus affreuse tempête, nous nous trouvons égarés, sans mâts, sans canon, sans ressource ; l'équipage étoit épuisé, le Pilote confondu, l'art inutile, & nous n'attendions plus que la mort ! J'étois au désespoir : furieux contre moi-même, je me reprochois amérement l'inquiétude maudite qui m'avoit arraché au repos dont je jouissois, pour me précipiter dans l'abîme où j'allois être plongé ; mon malheur étoit monté à son comble ; il étoit inévitable, & je n'en pouvois accuser que moi. Cependant un Matelot s'écrie qu'il apperçoit la terre ; ce cri nous rend l'espérance, nous nous levons tous ; mais aussi-tôt nous sommes jetés sur un banc de sable, où notre Vaisseau s'accroche, sans qu'il nous soit possible de l'en arracher.

L'orage redoubloit, & nous n'avions plus un instant à perdre ; nous nous hâtames donc de mettre la Chaloupe en mer. Trois des nôtres étoient déja morts, l'un emporté par la fievre, & les deux autres, par un coup de vent qui les avoit noyés ; ainsi nous n'étions plus que onze ; nous nous jetames dedans, mais elle étoit trop petite encore pour nous contenir ; elle enfonça, & nous fumes submergés.

Je ne peindrai point l'attitude effrayante de chacun de nous, au moment que nous périssions ! J'essayerai encore moins de retracer les divers sentiments qui m'agiterent, lorsque je me sentis au fonds de la mer. Il auroit fallu être de sang-froid pour examiner la nature dans ces instants terribles ; &, comme on peut croire, je n'étois alors rien moins qu'en état de faire un pareil examen. Je ne perdis point la tête cependant ; & revenu sur l'eau par le plus violent coup de pied qui peut-être, ait jamais été donné, je me trouvai enveloppé, en y arrivant, par une vague énorme & furieuse, qui m'entraînant du côté de la terre, avec une force & une rapidité incroyables, m'y laissa presque à sec, & à demi-mort, à cause de la quantité prodigieuse d'eau que j'avois avalée.

On ne peut songer qu'avec effroi, à combien peu tient notre vie. S'il eût plu au flot qui venoit de me pousser sur le rivage, de me ramener avec lui, quand il retourna à la mer, j'étois un homme perdu. Heureusement, il n'en fit rien ; mais celui qui le suivit, me vendit bien cher le chemin que le premier m'avoit fait faire. J'étois demeuré étendu sur le sable, sans mouvement & sans force ; il m'enleva, & me brisa avec tant de fureur contre la pointe d'un rocher qui se rencontra sur sa route, que je m'évanouis de la violence du coup.

 Je ne dirai point combien de temps je restai sans connoissance au pied de ce rocher, je n'en sais rien ; mais ce que je sais, & ce qui est trop bien gravé dans mon esprit, pour que je l'oublie jamais, c'est que, quand je revins à moi, les flots me rouloient vers la mer. J'aurois du perdre mille fois la tête, au milieu de tant d'horreurs ! Las de lutter contre la mort, de rage j'aurois du m'abandonner aux flots qui avoient juré ma perte. Mais au contraire, le désespoir me donna du courage & des forces ; je me cramponai à la terre, avec les mains, les pieds, les dents ; & malgré la fatigue de cette pénible attitude, je me levai, dès que la vague fut passée. J'apperçus le rivage, il étoit loin, n'importe ; la mer revenoit sur moi. Je courus avec tant d'intrépidité, qu'enfin je me vis hors d'atteinte.

CHAPITRE VII.

Robinson retourne à son Vaisseau.

JE respirai, quand je fus à terre ; mon cœur s'aggrandit, il me sembla que je renaissois. Mais bientôt une réflexion cruelle vint empoisonner ma joie : —— Juste Ciel ! où suis-je, & que vais-je devenir, me demandai-je en tremblant, à moi-même ? —— Je jetai les yeux de toutes parts ; & je ne vis autour de moi que des montagnes, des rochers & des arbres. La mer étoit toujours si furieuse que j'avois toutes les peines du monde à entrevoir mon Vaisseau. Cependant, il me falloit prendre un parti : je ne me soutenois plus, la nuit approchoit, mon azile étoit un désert, & j'en craignois les monstres. Je me résolus donc à monter sur un arbre ; & choisissant le plus gros qui fut à ma portée, je m'arrangeai de mon mieux sur ses branches; & le sommeil me surprit au milieu de mes douloureuses réflexions.

Le lendemain, quand je m'éveillai, il étoit déja grand jour. Etonné d'avoir pu dormir, & plus frais cependant après mon réveil, je descendis de mon nouvel appartement. La tempête étoit dissipée, le Ciel étoit serein. Je regardai la mer, elle étoit calme, & je vis mon Vaisseau, que les flots plus habiles que nous, avoient detaché du banc de sable, & comme apporté près du rivage. Je n'avois point songé encore à mes malheureux compagnons; occupé de ma propre infortune, j'avois oublié la leur. Cette vue m'en rappella le souvenir, & je fus frappé comme d'un trait, de la pensée qui me vint que notre empressement à nous sauver, avoit seul causé notre perte. En effet, si nous eussions été assez sages pour demeurer tranquilles, au lieu de nous donner tant de mouvements pour être submergés avec notre maudite Chaloupe, le Vaisseau que nous nous étions hâtés de fuir, nous auroit emmenés tous à bon port, personne n'auroit péri, & je ne me serois pas vu seul, dans un Désert affreux, exposé peut-être à une mort plus cruelle encore que celle que je venois d'éviter.

Ces réflexions me désespéroient; mais enfin, voyant que mon malheur étoit sans remede, je fis un effort pour bannir de mon esprit toute idée désolante, & je résolus de ne plus songer qu'à tirer parti de ma situation, s'il étoit possible. J'avois faim ; au lieu de raisonner avec moi-même, ce qui ne m'auroit furement point raffafié, je quittai mes habits, & je me jetai à l'eau. Comme je nage fort adroitement, j'eus bientôt traverfé l'efpace qui me feparoit de mon Navire ; mais il fe rencontra, lorfque je fus arrivé fur les lieux, une petite difficulté qui manqua de me faire retourner fur mes pas, avec autant d'appetit & un peu moins d'efpoir, que je n'étois venu. A la vérité j'étois à côté du Vaiffeau ; mais les vivres étoient dedans, & je ne voyois pas autrement jour à y monter. J'en avois déja fait deux fois le tour inutilement, & il me fâchoit très-fort d'être forcé d'abandonner une proie fi riche, dont j'étois fi près & qui m'étoit fi néceffaire. Fatigué pourtant de tourner envain, j'avois pris ma réfolution, & je nageois déja vers le rivage, lorfqu'en regardant encore derriere moi, j'apperçus un bout de corde qui avoit échappé à toutes mes recherches. Je ne conçois pas comment je ne l'avois point vu; il faut fans doute que l'extrême attention produife les mêmes effets, que l'extrême négligence. Quoi qu'il en foit, je volai vers cette corde bienheureufe, qui d'abord me fit trembler que ma découverte ne me devînt inutile ; car elle obéiffoit toujours, à mefure que je voulois m'y fufpendre ; & je craignis pendant quelque temps, que l'autre extrêmité n'en fût point arrêtée ; mais enfin elle résista, & dans un clein d'œil, je fus monté.

Mon premier soin, dès-que je fus à bord, fut de courir à la provision. Rien n'étoit gâté ; le plaisir que j'en ressentis est un des plus vrais que j'aie éprouvés de ma vie. On m'accusera peut-être, de gourmandise, & on aura tort ; l'homme le plus sobre eût eu la même joie que moi, à passer dans un seul coup d'œuil, de la crainte bien fondée de mourir de besoin, à la certitude de vivre long-temps à discrétion ; j'avois pour moi seul, la nourriture de quatorze personnes. Je me jetai d'abord sur le biscuit : quand ma premiere faim fut appaisée, je me ressouvins que j'étois nu ; je trouvai un habit : je me le mis sur le corps. J'en remplis les poches, & je continuai de manger, tout en faisant autre chose. Il ne m'auroit de rien servi de demeurer-là, les bras croisés, à déplorer mon infortune : aussi me hâtai-je de rassembler quelques debris de planches, que je liai ensemble de mon mieux, & dont je fis une maniere de radeau, sur lequel je jetai tout ce que je vis en gros qui pourroit m'être le plus utile.

Lorsque mon radeau fut assez chargé ; c'est-à-dire, quand je m'apperçus qu'il couleroit à fonds, si je le chargeois davantage, je me pendis à ma corde, & je descendis dessus le plus legerement qu'il me fut possible. Je le conduisois avec un morceau de planche rompue, faute de rames. Je voguai très-bien l'espace d'un mille environ; la mer étoit tranquille; la marée, qui montoit, me portoit à terre; & tout foible qu'étoit le vent, il ne laissoit pas que de me favoriser. Malgré tous ces avantages, cependant je sentois qu'insensiblement je dérivois de l'endroit d'où j'étois d'abord parti. Cette petite circonstance alloit m'inquiéter : mais je réfléchis que j'étois sans doute entraîné par quelque courant d'eau, & qu'en le suivant, peut-être allois-je trouver, ou une baie, ou une riviere, qui me tiendroit lieu de port, pour débarquer ma cargaison.

Mon espérance ne fut point trompée; & bientôt je découvris une petite ouverture de terre, qui faisoit admirablement bien mon affaire. Mais hélas! que l'homme est peu fait pour jouir d'un bonheur constant & sans mélange ! A peine je goutois le plaisir d'entrevoir que j'allois arriver à bon port, que je fallis à faire un second naufrage. Ce dernier trait manquoit au tableau; il eût complette ma misere, & je ne me serois jamais relevé du coup,

La maudite côte vers laquelle je m'avançois m'étoit totalement inconnue, & comptant avoir également de l'eau par-tout, je fus donner du bout de mon bateau contre un banc de sable. Ma cargaison glissa toute de l'autre côté ; aussi-tôt je me précipitai tout au travers, pour la retenir, & je la retins en effet ; mais la position où je me trouvois, n'étant rien moins que favorable, mes forces furent bientôt épuisées à soutenir si mal à mon aise, un poids si énorme. Je cherchois des yeux, s'il n'y avoit point quelque moyen de détacher mon malheureux radeau ; mais quand j'aurois vu comment y réussir, à quoi auroit abouti cette découverte, puisque toutes mes provisions seroient immanquablement tombées, au plus leger mouvement que j'aurois voulu faire ?

Il me fallut donc attendre, un genou en terre, la tête appuyée contre un coffre, & les bras étendus pour tâcher d'en retenir deux autres. Il me fallut, dis-je, attendre dans cette posture désespérante, où j'étois à tout moment sur le point de perdre l'équilibre, & de me voir renverser, que le montant qui me relevoit peu à peu, finît, ou par me culbuter tout-à-fait, ou par me remettre dans un parfait niveau. Ce fut, par bonheur, le dernier qui m'arriva. La Marée fut si insensible, qu'après une demi-heure, qui me parut un siecle, mon radeau flotta, sans avoir éprouvé la moindre sécousse.

Peut-être n'a-t-on pas oublié que j'avois un Canal devant moi ; j'y entrai, ou plutôt la Marée m'y porta. Je touchois le fonds de l'eau avec ma rame, & il ne m'eût pas été difficile d'aborder ; mais une réflexion très-sage vint à mon secours, & je n'en fis rien. Le Canal n'étant environné que de morceaux de roche escarpés, je courois risque, en débarquant sans connoissance de cause, de me trouver à la fin sur un terrein inégal, où lorsque mon radeau viendroit à toucher, il seroit si élevé par un bout, & si enfoncé par l'autre, que je serois encore une fois en danger de tout perdre. Je jugeai donc plus à propos d'attendre jusqu'au moment où la Marée devint tout-à-fait haute ; je me servois de ma rame, en guise d'Ancre, pour arrêter mon train, dont je tenois le flanc appliqué contre le rivage, auprès d'un morceau de terre plat & uni, que j'espérois que l'eau couvriroit. Avec de la patience, cet expédient me réussit. Mon radeau prenoit un pied & demi d'eau, environ ; dès que je m'apperçus que j'en avois assez, je le jetai sur le terrein plat dont j'avois fait choix ; & je l'amarrai d'une maniere solide, enfonçant dans la terre mes deux rames rompues contre le coté, la premiere à un bout, & la seconde à l'autre. Quelque temps après, la Marée baissa ; & mon train, avec tous les effets dont il étoit chargé, demeura à sec & en toute sureté.

CHAPITRE VIII.

Robinson examine ses effets.

LA premiere chose par où je débutai, dès que je fus à terre, fut de voir en détail, tous les effets que j'avois pris en gros dans le Vaisseau ; car la précipitation avec laquelle j'avois fait mes emplettes ne m'avoit guere permis d'y prendre garde.

Je vis dans l'examen de mes richesses, trois coffres assez bons & fort amples ; j'avois pris la liberté de les ouvrir, en faisant sauter les serrures, parce que je n'avois ni la volonté, ni le moyen de me charger de meubles inutiles ; & après les avoir vuidés, je les avois descendus avec une corde, sur mon radeau. Dans le premier de ces coffres, j'avois mis, à la place

des

des guénilles qui étoient dedans, du pain, du ris, trois fromages d'Hollande, cinq pieces de bouc féché qui compofoient notre principale nourriture ; & un petit refte de bled d'Europe, qu'on avoit mis à part pour engraiffer quelques volailles que nous avions embarquées avec nous, mais qui ne mangeoient plus, attendu qu'elles avoient été tuées. Quant à la boiffon j'avois été affez heureux pour trouver plufieurs caiffes de bouteilles, parmi lefquelles il y avoit quelques eaux cordiales, & environ vingt *quartes de Rack* ; je les avois arrangées féparément, parce qu'il n'étoit pas befoin, ni même poffible, de les mettre dans les coffres.

J'avois laiffé mes habits fur le rivage, & tandifque j'étois aux prifes avec mon Vaiffeau, la marée en montant, les avoit emportés avec elle. Cet accident m'avoit fait tout interrompre, pour aller à la quête des hardes ; j'en avois trouvé une quantité prodigieufe, mais ayant d'autres emplettes beaucoup plus à cœur, je m'étois contenté de prendre ce dont je ne pouvois abfolument me paffer pour le moment même.

L'efpece d'effets dont j'avois le plus grand befoin étoient des outils avec lefquels je puffe travailler, quand je ferois à terre. J'avois

C

culbuté tout le fond de cale, pour trouver le coffre du Charpentier; je l'avois trouvé. C'étoit un véritable trésor pour moi, mais un trésor beaucoup plus précieux que n'auroit été pour lors un Vaisseau tout chargé d'or. Je ne m'amusai point à l'ouvrir; je savois en gros ce qu'il contenoit.

Voilà à peu près tout ce que je trouvai dans mon inventaire, sans oublier deux fusils fort bons & deux pistolets dont je me saisis, ainsi que de quelques cornets à poudre, d'un petit sac de plomb, de deux vieilles épées rouillées, & de trois barils de poudre. Un de ces barils avoi tété mouillé, mais les deux autres étoient secs & bons.

CHAPITRE IX.

Robinson visite son Isle.

CET examen fini, il m'en restoit un second à faire, qui ne me paroissoit guere moins important que le premier. C'étoit celui de mon Isle. Je ne savois encore si elle étoit déserte ou habitée. Allois-je vivre ou avec des hommes, ou avec des monstres, ou sans autre compagnie que moi-même? Je l'ignorois absolument, &

je voulois fixer mes idées sur un point aussi essentiel. Une pareille incertitude, embarrassante pour tout le monde, devoit l'être bien davantage pour un malheureux tout fraîchement échappé du naufrage.

A un mille environ de l'endroit où j'avois débarqué mes coffres, il y avoit une montagne élevée qui dominoit tout l'horison. Je pris un fusil, un pistolet, un cornet de poudre, un petit sac de plomb, & je montai sur le sommet, pour découvrir le pays. Je n'arrivai qu'avec peine, tant je rencontrai de difficultés sur ma route ; mais ce qui me chagrinoit davantage, fut le spectacle toujours plus accablant dont j'étois témoin, à mesure que j'avançois, & que ma vue s'étendoit. Certes, je n'avois nul sujet d'être content de mon sort. De quelque côté que je portasse mes regards, je me trouvois dans une Isle isolée & stérile, réduit à vivre avec moi seul, ou tout au plus, avec des bêtes sauvages ; car je n'appercevois pour tout animal vivant, qu'un nombre infini d'oiseaux de toute espece, dont la plupart m'étoient inconnus.

Un de ces oiseaux se trouva à la portée de mon fusil, je le tirai. Il étoit fort gros, & semblable à une espece d'Epervier ; du-moins je lui en remarquai la couleur & le bec, & il ne lui en manquoit que les éperons & les serres ; mais sa chair ne valoit rien du tout. Du reste, le bruit du coup que je venois de tirer, en fit partir une nuée épouvantable qui m'envelopperent & m'étourdirent de leurs cris. A en juger par la rapidité avec laquelle ils prirent la fuite, il y a mille à parier contre un, que mon coup de fusil étoit, depuis la création du monde, le premier qui se fût fait entendre dans cette Isle.

Peu satisfait de ma découverte, je retournai tristement auprès de mon radeau. La nuit s'approchoit, & je ne savois que faire de ma personne. Je n'avois rien trouvé dans mon chemin qui dût m'intimider ; mais ce n'étoit pas une raison suffisante pour que je m'exposasse sans aucune précaution, pendant la nuit. Je me hâtai donc, tandisqu'il me restoit un peu de jour encore, de me barricader de tous côtés avec mes coffres ; & je me couchai au milieu de cette nouvelle espece de forteresse.

CHAPITRE X.

Robinson retourne à son Vaisseau.

J'ÉTOIS assez las pour dormir & prendre quelque repos ; mais le coup d'œil de mon Isle maudite, que j'avois toujours présente à l'esprit, me donnoit des pensées noires, & chassoit bien loin de moi le sommeil. Ennuyé d'un objet si triste, & faisant un effort pour m'en distraire, je tournai toute mon attention sur mon Vaisseau. Il me devenoit au fonds d'autant plus précieux, que, selon toutes les apparences, je n'aurois de ressources pour la défense & pour le soutien de ma vie, que celles qu'il me seroit possible d'en tirer. Je résolus donc à part moi, d'aller dès le le lendemain, lui faire une seconde visite; &, comme raisonnablement je ne pouvois pas me flatter, que dans l'état où la tempête l'avoit mis, il pût résister encore longtemps, je me décidai à ne m'occuper d'autre chose que du soin d'en apporter à terre tout ce que je pourrois, jusqu'à ce qu'il s'enfonçât, ou que je n'eusse plus rien à y prendre. Je m'endormis là-dessus.

Le sommeil des infortunés n'est pas long ;

mes inquiétudes me réveillerent dès la premiere pointe du jour. Afin de n'avoir pas, comme la veille, le chagrin de voir la marée emporter mes hardes, je me déshabillai en sortant de mon lit ; & ne conservant sur moi qu'une chemise toute déchiquétée, des caleçons, & une paire d'escarpins aux pieds, je me rendis au Vaisseau.

L'expérience m'avoit rendu plus circonspect & plus sage ; je viens d'en rapporter un exemple tiré de mes habits ; en voici un autre pris de mon radeau : le premier que j'avois fait étoit si pesant en soi, & je l'avois d'ailleurs si fort surchargé, que dans le trajet, il manqua vingt fois d'être englouti. Je fis le second plus leger, & je le chargeai moins. Je ne laissai pourtant pas que d'emporter encore un assez bon nombre d'effets qui me furent très-utiles, & dont voici le détail. Il est si profondement gravé dans ma mémoire, que je pourrois spécifier tout, & tout compter, à une épingle près.

Premierement, dans le magasin du Charpentier, je trouvai trois sacs pleins de clous & de pointes, une grande tariere, dix-sept haches, & une pierre à éguiser, instrument qui devoit m'être d'un grand usage. Chez le Canonier, je trouvai trois leviers de fer, deux barils de bales, sept mousquets, un autre fusil de chasse, une petite provision de poudre, un gros sac de dragée, & un grand rouleau de plomb. Mais ce dernier étoit d'un volume si énorme, que malgré toute l'envie que j'avois de m'en emparer, je n'eus jamais la force de le soulever assez, pour le faire passer par-dessus les bords du Vaisseau. Je trouvai encore une ample provision d'habits, que j'enlevai, avec une voile de surcroit du Perroquet de Miraine, un branle, un matelas, & quelques couvertures. J'arrangeai ces différents effets sur mon second train, veillant sur toutes choses à le charger également de tous les côtés ; & grace à cette précaution, j'amenai le tout à terre avec un bonheur & un succès qui contribuerent extrêmement à me fortifier dans mes disgraces.

Tout le temps que je demeurai à bord, je craignois qu'à tout le moins, mes provisions ne fussent dévorées par les bêtes ; mais quand j'arrivai, je ne vis aucune marque d'irruption. Seulement j'apperçus un animal qui avoit assez l'air d'un chat sauvage ; il étoit assis sur un de mes coffres. Lorsqu'il me vit approcher, il s'enfuit à quelques pas de-là ; puis, il s'arrêta tout court. Ma vue ne paroissoit point l'effrayer ; il me regardoit fixement au contraire, & comme s'il eût eu quelque envie de s'apprivoiser avec moi. Je lui présentai le bout de mon fusil ; mais il ne savoit pas de quoi il retournoit, & il ne s'en épouvanta pas davantage. Je lui jetai un morceau de biscuit ; il se précipita dessus, commença par le flairer, & finit par l'avaler de très-bonne grace. Vraisemblablement, il le trouvoit de son goût; car il me fit entendre, à sa maniere, qu'il en accepteroit volontiers un second morceau ; mais comme ma provision n'étoit pas fort grosse, je jugeai à propos de ne pas me rendre à sa demande ; & voyant que j'avois pris mon parti, il prit aussi le sien, & s'en alla.

Les tonneaux de poudre & de dragée que j'avois apportés, étoient si gros & si lourds, qu'il ne m'avoit pas été possible de les enlever tout d'une piece ; il m'avoit fallu les défoncer, & en partager la charge en une infinité de paquets. Cette opération m'avoit pris du temps. Toutefois me voyant de bonne heure à terre, avec toute ma cargaison, je travaillai à me faire une petite tente avec la voile que j'avois, & avec des piquets que je coupai pour cet effet. Tout ce qui auroit pu se gâter à la pluie ou au soleil, je le transportai le soir même dans cette tente ; je l'entourai de tous mes coffres & de tous mes tonneaux vuides, pour la fortifier contre tout assaillant, de quelque espece qu'il pût être ; & j'en barricadai la porte, avec des planches en dedans, & avec un coffre dressé sur un bout en dehors. Ce plan de défense achevé, je posai mes deux pistolets à mon chevet, je cachai mon fusil auprès de moi, & je me mis au lit pour la premiere fois. Mon sommeil avoit été si court & si interrompu la nuit d'auparavant, & j'étois si accablé du travail de ma journée, que je dormis très-profondement.

Le magasin que j'avois alors, étoit, je pense, le mieux fourni qui eût jamais été amassé pour une seule personne. Toutefois je n'étois pas encore content, & j'imaginois que tant que mon Vaisseau resteroit droit sur sa quille, il étoit de mon devoir d'en aller tirer tout ce qui ne passeroit point mes forces.

J'allois donc régulierement à bord chaque jour, pendant la marée haute ; & j'en rapportois, tantôt une chose, tantôt une autre. La troisieme fois entre autres que j'y allai, j'enlevai tout ce que je pus des agrès ; j'enlevai les petites cordes, & le fil de carret ; une piece de canepas de surcroit, qui avoit été destinée pour raccommoder nos voiles dans l'occasion ; enfin, toutes les voiles, depuis la plus grande jusqu'à la plus petite, les coupant en plusieurs morceaux, pour les transporter plus aisément.

J'avois déja fait cinq ou six voyages ; & je comptois m'être emparé de tout ce qu'il y avoit de mieux dans le Vaisseau, quand je découvris encore un grand tonneau de biscuit, trois barils de *Rum* ou d'eau de vie, une boëte de castonade, & un muids de fleur de farine très-belle. La surprise où me jeta cette trouvaille, me fit un plaisir d'autant plus sensible, que si je m'attendois encore à quelque provision, je m'attendois aussi qu'elle seroit gâtée. Je vuidai au plus vîte le tonneau de biscuit ; j'en fis plusieurs parts ; je les enveloppai dans des morceaux de voile ; & je transportai cette charge précieuse à terre, avec autant de bonheur que j'avois fait les autres.

Le lendemain, je retournai à mon Vaisseau, à l'ordinaire. Comme je l'avois dépouillé de tout ce qui se pouvoit enlever, je commençai à me mettre après les cables, en débutant par le plus gros de tous, que je coupai en plusieurs pieces proportionnées à mes forces. J'en amoncelai deux, avec une hansiere, & toute la ferraille que je pus déterrer. Coupant ensuite la vergue de Beaupré & celle de Miraine, pour me construire un grand radeau, je mis dessus cette pesante masse, & je voguai. Mais ici tout mon bonheur m'abandonna. Mon radeau étoit surchargé, au point qu'à l'entrée du petit réduit dans lequel j'avois débarqué toutes mes provisions, & où je ne pouvois point le gouverner aussi absolument que j'avois fait les autres, il se renversa malgré que j'en eus, & me jeta dans l'eau avec toute ma cargaison. Le mal n'étoit pas grand quant à moi, car j'étois près de terre ; mais la plus grande partie de mes pauvres effets fut perdue. Je regrettois sur-tout mon fer, dont je m'étois proposé de faire un si bon usage.

Cet accident ne me rebuta point, & je n'en continuai pas moins mes voyages. J'en avois déja fait onze, enlevant, coupant, & arrachant tout ce qu'au monde une personne seule est capable d'enlever, de couper & d'arracher. Si le mauvais temps ne se fût mis de la partie, j'aurois amené, je crois, tout le Bâtiment à terre, piece à piece.

Quoi qu'il en soit, je me préparois à y retourner pour la douzieme fois. Le vent commençoit à s'élever ; c'étoit un obstacle, je le franchis. J'avois fouillé par-tout avec tant d'exactitude, que je ne soupçonnois pas qu'il y eût rien davantage à trouver. Je demêlai pourtant dans un coin, une maniere d'armoire avec des tiroirs dedans; dans un de ces tiroirs, il y avoit deux ou trois rasoirs, une petite paire de ciseaux, & dix ou douze couteaux avec autant de fourchettes. Il y avoit dans un autre, trente six livres sterling en especes, les unes monnoie d'Europe, les autres de *Bresil*, moitié en argent, moitié en or, & entre autres quelques pieces de huit.

A la vue de cet argent, je souris dédaigneusement en moi-même, & il m'échappa tout haut cette apostrophe : —— Métal imposteur, que tu es vil à mes yeux, m'écriai-je ! Non, tu ne mérites pas que je me baisse pour te ramasser ; un seul de ces couteaux est d'un plus grand prix que tous les trésors de Crésus. Je n'ai nul besoin de toi ; demeure où tu es, ou plutôt sois précipité au fonds de la mer, comme une créature indigne de voir le jour. —— Après avoir donné un libre cours à mon indignation, je me ravisai tout à coup, & prenant cette somme que je venois de maudire, avec les autres ustenciles qui se rencontrerent dans l'armoire, j'empaquetai le tout dans un morceau de canevas.

J'allois me faire un radeau ; mais le Ciel se couvroit, & déja le vent commençoit à fraichir. Au bout d'un quart d'heure, un vent assez fort qui souffloit de la côte, me fit réfléchir sur le champ, qu'il y auroit de l'extravagance à vouloir conduire à bord un radeau, avec un vent qui éloignoit de terre ; & que le parti le plus court étoit de m'en retourner, avant que le flux ne me commandât, si je ne voulois pas dire adieu pour toujours à mon Isle ; en conséquence de ce raisonnement, je me jetai à l'eau, & je traversai à la nage tout l'espace qu'il y avoit entre le Vaisseau & les sables. Mais ce ne fut pas sans beaucoup de peine, tant à cause du poids dont j'étois chargé, que du trouble & de l'agitation de la mer. Les vents s'éleverent si brusquement, qu'il y eut une tempête violente, avant même que la marée fût haute. Où en aurois-je été avec mon radeau !

CHAPITRE XI.

Robinson choisit sa demeure.

LE vent faisoit des siennes, mais je ne le craignois plus. J'étois arrivé chez moi, à l'abri de l'orage & posté dans ma tente, au centre de mes richesses. Il fit un gros temps toute la nuit ; & le matin, quand je voulus regarder en mer, il ne paroissoit plus de Vaisseau. La surprise où je fus d'abord, fit bientôt place à cette réflexion consolante ; qu'au lieu de perdre un instant, je n'avois épargné ni soins, ni peine, pour en tirer tout ce qui pouvoit m'être de quelque utilité. Et dans le fonds, quand j'aurois eu plus de loisir, à peine y avoit-il encore quelque chose que je pusse emporter de toutes celles que j'avois laissées à bord.

Je ne songeai donc plus à mon Vaisseau, puisqu'il étoit submergé. Seulement j'attendis que la mer, en achevant de le briser, m'envoyât les débris au rivage, comme elle n'y manqua pas ; mais le peu qui m'en revint, valoit à peine les frais du transport.

Toute mon attention se tourna alors sur moi-même. Mon Isle pouvoit être infestée ou par des Sauvages, ou par des monstres ; il s'agissoit de me mettre à l'abri des uns & des autres. Pour y parvenir, tantôt je voulois me creuser une caverne, & tantôt j'avois dessein de me dresser une tente. A la fin, ne pouvant me décider pour l'une de ces habitations, je me résolus à les avoir toutes deux. Il ne m'en coûtoit que de les construire, car je ne manquois d'ailleurs ni de terrein, ni de matériaux.

L'endroit où j'étois débarqué, n'avoit aucune des qualités que je désirois : d'abord il étoit malsain ; & si je voulois vivre, il étoit de toute nécessité que je ne fusse pas malade. Ensuite il étoit éloigné de toutes les sources d'eau douce ; & je ne voyois pas que je dusse avoir du temps de reste, sur-tout dans les commencements d'un autre Eté ; il étoit trop exposé aux ardeurs du soleil, & le soleil est brûlant en ce maudit pays-là. Enfin, il n'avoit point de vue sur la mer, & le point en étoit un bien essentiel pour moi ; car après tout, il n'étoit pas naturel que je laissasse passer outre un Vaisseau qui, chemin faisant, pourroit me recueillir.

Je cherchois par-tout le terrein qu'il me falloit. Je vis une petite plaine située au bas d'un rocher ; ce rocher étoit assez escarpé pour ne laisser aucune surprise à craindre, & au pied il y avoit une espece de creux ; ce fut-là que je résolus de m'établir. La plaine n'avoit guere plus de cent verges de large ; mais en revanche, elle s'étendoit en long une fois davantage, & formoit une sorte de tapis verd qui se terminoit en descendant, irrégulierement de tous côtés dans les bas lieux vers la mer. Cette situation, outre mille autres avantages que je ne détaillerai point, avoit encore celui de me sauver les chaleurs du soleil, que je n'avois qu'à son couchant.

Je décrivis un demi-cercle devant le creux dont j'ai parlé ; dans ce demi-cercle, j'enfonçai un double rang de pieux, à cinq pieds de hauteur ; entre ces pieux, je mis des cables, & j'entourai le tout de deux voiles goudronnées, dont une extrêmité étoit attachée aux pilliers, & l'autre au rocher. Par ce moyen, ma muraille & mon toit étoient hors d'atteinte. Quant à ma porte, c'étoit une échelle qui m'en tenoit lieu, & que je tirois à moi, quand j'étois monté.

Je prenois toutes ces précautions pour être en sureté, & toutes ces précautions étoient inutiles ; mais alors je n'en savois rien. Dès que ma bâtisse fut achevée, j'y portai toutes mes provisions, en commençant par celles qui auroient pu se gâter à la pluie. J'en avois quelques-unes de ce genre ; & jamais je ne fus si bien inspiré, que quand je leur pratiquai un lieu où elles pussent demeurer séches ; car il y a certains mois de l'année, où la pluie dans ces contrées, est aussi mal saine qu'excessive.

Le projet de ma tente une fois rempli, je me mis aussi-tôt après ma caverne, & je creusai dans le rocher ; mais tandis-que ce travail occupoit tout mon temps & toutes mes pensées, je me vis tout à coup obligé de l'interrompre. Un beau jour, au moment que je m'en doutois le moins, il vint un orage ; & j'entendis des coups de foudre si violents, qu'à très-peu de chose près, j'en mourus de peur. Je ne craignois point d'être écrasé par le tonnerre ; mais je tremblois que cet élement destructeur ne tombât sur ma poudre. J'en avois cent quarante livres environ, & elle étoit en un tas ; si le feu y eût pris, que serois-je devenu !

Dès que l'orage fut passé, je suspendis mes fortifications & tous mes autres travaux, pour ne plus m'occuper qu'à faire des sacs. J'en ajustai une centaine, dans lesquels je renfermai ma poudre, & que je cachai dans les trous du rocher ; laissant une marque à chaque endroit pour les reconnoître, & les choisissant éloignés les uns des autres, afin qu'au moins tout ne pérît pas à la fois. Cet ouvrage de traverse me prit quinze jours entiers.

CHAPITRE XII.

Robinson va à la chasse.

MALGRÉ l'importance & le nombre de mes occupations, il étoit bien rare que je laissasse passer un seul jour, sans aller au-moins une fois dehors, soit pour me délasser de mes fatigues, soit pour rencontrer, s'il étoit possible, quelqu'animal dont je fisse mon profit; soit enfin, pour découvrir, autant que s'étendoient là-dessus mes connoissances, quels étoient les fruits que produisoit mon Isle. Je ne marchois point sans mon fusil. Un soir, en rentrant chez moi, je vis des boucs, & je comptois bien en porter quelques-uns au logis; mais ils n'étoient rien moins que d'humeur à me permettre de les tuer; de maniere qu'après les avoir poursuivis long-temps, je fus obligé de m'en retourner comme j'étois venu.

Le lendemain je revins à la charge. Mes boucs prévenus de la veille, étoient au guet. Outre que ces animaux sont sauvages, ils sont encore si rusés & si legers à la course, qu'il n'y a rien au monde de plus difficile que de les approcher. Cette difficulté ne me rebuta cependant point ; leur chair m'étoit trop nécessaire pour que je ne m'opiniâtrasse pas à essayer tous les moyens de me l'approprier. Après bien des ruses qui me réussirent fort mal, voici enfin comme je m'y pris. J'avois remarqué deux choses ; la premiere, que quand mes boucs étoient sur les rochers, & que j'étois moi dans les vallées, ils s'enfuyoient tous avec une vîtesse extrême; & la seconde, que quand nous étions, eux dans les vallées, & moi sur les rochers, ils s'embarrassoient aussi peu de ma présence, que si j'avois été à vingt lieues de là. Je conclus de cette observation, qu'ils voyoient au-dessus d'eux, mais ne voyoient point au-dessus de leur tête. J'allois en conséquence à la chasse sur un arbre, & me perchant dans l'endroit où ils s'assembloient en plus grand nombre, je les tirois à discrétion.

Le premier de ces animaux que j'étendis sur la place, étoit une chevre. Elle avoit auprès d'elle un petit chevreau encore tetant. Il vit tomber sa mere, & n'en demeura pas moins à ses côtés ; lors même que j'allai la ramasser, au lieu de prendre la fuite, il me suivit jusquès chez moi. J'étois fâché de la circonstance, & pour réparer, en quelque sorte mes torts, aussitôt que j'eus mis bas la vieille, je pris son fils entre mes bras, & je le portai dans ma tente, par-dessus ma palissade. Je me flattois de venir à bout de l'apprivoiser ; mais tous les soins que je m'avisai de prendre de lui, furent inutiles, & il ne voulut point manger ; ce qui m'obligea à le tuer, pour le manger lui-même.

Nos besoins sont nos maîtres ; sur-tout la facilité que nous trouvons à les satisfaire, nous rend inventifs. Quand ma demeure fut une fois fixée, & que j'y fus d'ailleurs assez à mon aise, je songeai que pour ma cuisine il ne seroit pas hors de propos que j'eusse du feu. Je fis donc une espece de cheminée qui me coûta beaucoup de peine, mais à laquelle enfin je réussis.

Cependant tout étoit en désordre dans mon appartement. Si j'avois besoin d'un meuble, avant que de tomber sur celui que je cherchois, j'en trouvois trente sous ma main, dont je n'avois que faire. Pour remédier à cet inconvénient, j'élargis ma caverne, afin que dans un plus grand espace, il me fût plus aisé de mettre plus de symmétrie & d'arrangement dans le nombre & l'espece différente de mes effets.

Tout fut à peine placé, que je m'apperçus qu'il me manquoit une table ; il fallut l'entreprendre. Heureusement j'avois apporté du Vaisseau quelques planches qui me servirent à cet objet. Il en fut de même d'une chaise ; c'est-à-dire, que tant bien que mal, je m'en fabriquai une qui n'étoit pas belle, mais sur laquelle au moins je pouvois m'asseoir.

Mes planches étoient employées ; & il m'en falloit encore quelques-unes que je voulois attacher autour de ma caverne. Je n'avois pas même les outils propres pour en faire ; j'avois encore moins l'adresse & les talents requis pour un ouvrage de cette nature ; car de ma vie je n'avois manié ni lime ni rabot. Mais la nécessité vaut toute la science & tous les instruments du monde. Instruit & encouragé par elle, je n'y regardai pas à deux fois ; je pris une hache, j'abbatis un arbre, j'en coupai les branches, j'en taillai le tronc jusqu'à la concurrence de trois pouces d'épaisseur, & ma planche fut faite. On peut croire qu'une opération pareille me coûtoit un peu plus de temps que je n'en mets à en rendre compte. Mais enfin, comme je l'ai déja dit, j'avois les matériaux & le temps, & il ne m'en coûtoit que la façon.

Par ce moyen j'eus des tablettes ; elles étoient larges d'un pied & demi, & je les plaçai dans toute leur longueur, l'une au-dessus de l'autre d'un côté de ma caverne.

J'y mis tous mes clous, tous mes outils & toute ma ferraille. J'enfonçai aussi des chevilles dans le rocher; j'y attachois mes fusils, & tous ceux de mes meubles qui pouvoient être suspendus. Qui auroit vu ma demeure alors, l'auroit prise pour un magasin général de toutes les choses nécessaires à la vie. Le bon ordre qui y régnoit, me faisoit trouver d'abord & sans peine, tout ce que je cherchois; & cet agrément, joint à la quantité d'effets dont j'étois pourvu, étoit pour moi un très-grand plaisir.

Je voulus aussi faire un tonneau; mais apparemment que de tous les métiers, le métier de Tonnelier est le plus difficile, ou celui pour lequel j'avois le moins d'aptitude, car je n'en pus jamais venir à bout. Je réussis bien à fabriquer chaque piece en particulier, mais quand il fallut les joindre toutes, j'y échouai net; & après quinze jours d'efforts & de travail inutiles, j'y renonçai.

Cependant, je me couchois tous les jours avec le soleil. Ce n'est pas que j'eusse besoin de me reposer tout le temps qu'il ne m'éclairoit pas; mais je n'avois point d'autre lumiere que la sienne, ou, pour le dire plus simplement, je n'avois point de chandelle. Ceux qui ont eu le bonheur de n'en jamais manquer, n'imaginent pas quel défagrément c'eſt que d'être forcé de s'en paſſer. Quant à moi, j'en ſouffrois le défaut très-impatiemment. Chaque ſoir, dès que le jour finiſſoit, il falloit que je me demeuraſſe oiſif ſur les bras, juſqu'à ce qu'il plût au ſommeil de me délivrer de moi-même ; & ſi par hazard j'avois oublié de tenir mon ſouper prêt, je me rompois vingt fois le cou, en l'apprêtant à tâtons. Mais grace à mon eſprit inventif, il me fut permis à la fin, de m'occuper & d'y voir, en dépit du ſoleil. Voici la maniere dont je m'y pris : je fis ſécher de la graiſſe de bouc, & paſſant au travers un fil de carret, en guiſe de méche, j'eus une lumiere un peu plus obſcure qu'une lampe, mais dont je me contentai faute de mieux. J'ai détaillé cette recette en faveur de ceux qui ayant des boucs comme j'en avois, auront d'ailleurs auſſi peu de maîtres Chandeliers, qu'il y en avoit dans mon Iſle.

CHAPITRE XIII.

Robinson trouve des épics d'Orge.

Mon biscuit avançoit, & j'étois très-fâché de me voir incessamment sans pain. Cette idée me rendoit si mélancolique, qu'ayant encore de quoi vivre, je souffrois déja une disette cruelle dans l'esprit. Je me reprochois tous mes morceaux ; il me sembloit, quand je mangeois, que je me volois moi-même ; & vingt fois je m'abstins de me nourrir, pour être en état de me nourrir plus long-temps.

Plein de cette pensée désespérante qui ne me quittoit plus, je vis un soir, en rentrant chez moi, quelques tiges autour de ma palissade ; mais je les pris pour autant de plantes étrangeres, & j'entrai sans y faire autrement d'attention. Le lendemain, car je sortois tous les jours après mon travail, les mêmes tiges me frapperent encore. Je m'avançai, & en les examinant de plus près, je reconnus des épics d'orge & de bled. Cette vue me rendit immobile ; & l'on voit assez tout l'effet qu'elle devoit produire sur un infortuné qui, réduit à vivre sans pain dans un
Désert,

Désert, trouve du bled, au moment même où le malheur d'en manquer le reste de ses jours, fait sur son esprit une impression plus vive !

Je connoissois déja assez bien mon Isle, pour être sur que le terrein n'en étoit nullement propre aux plantes de cette espece. — D'où viennent donc celles-ci, m'écriai-je ! Qui les a produites ; qui a pu ?…. Dieu, me répondis-je. — Et me voilà à croire que le Ciel avoit fait un miracle en ma faveur. Dans l'infortune, ou l'on croit tout, ou l'on ne croit rien, point de milieu. Pour moi je crus à mon miracle, de la meilleure foi du monde ; & cette pensée m'inspira la plus vive & la plus tendre reconnoissance. Auprès des premieres tiges, il y en avoit d'autres de ris, qui croissoient le long du rocher ; tout ce spectacle étoit un prodige à mes yeux. Je jetai aussi-tôt un coup d'œil amer sur ma vie passée, & n'y voyant rien qui dût m'attirer une grace si particuliere d'en-haut, je ne m'en sentis que plus pénétré.

Mais au milieu de mes dispositions à tout rapporter désormais à la main bienfaisante qui daignoit pourvoir si spécialement à ma subsistance, je me ressouvins d'un petit incident qui altéra fort ma premiere ferveur.

Le lecteur peut se rappeller le coup de

tonnerre qui m'avoit fait trembler pour ma poudre. Quand je la partageai en plusieurs sacs, je commençai, avant que de faire ceux dont j'avois besoin, par vuider ce qui étoit dans ceux que j'avois déja; dans un de ces sacs, il y avoit, comme je l'ai remarqué, un reste de ris & de bled; j'avois jeté ce reste hors de ma tente, & il étoit venu à bien. Je me rappellai toutes ces circonstances, & adieu le miracle & la conversion. Tout ce qui m'en resta fut un très-grand mépris pour moi-même qui avois eu la simplicité de chercher d'autres tiges encore, croyant bonnement que je ne manquerois pas d'en trouver. Cependant j'étois un ingrat; car, que mes tiges fussent venues sans semence, ou que j'eusse sécoué mes sacs dans un endroit où elles pussent croître, des deux côtés le prodige étoit le même, & le doigt du Très-Haut y étoit également marqué ; mais l'homme n'admire jamais que ce qu'il ne conçoit pas.

Au reste, quoique mon bled me fût venu d'une maniere très-naturelle, on imagine bien qu'il ne m'en fut pas moins précieux. Je le recueillis, ainsi que le ris, dans la saison propre à la recolte, bien résolu de ne le semer qu'en temps & lieu, & de m'en priver jusqu'à ce que j'en eusse une quansité suffisante pour fournir à l'entretien du reste de ma vie. Mais c'est un article que je traiterai dans un autre endroit.

CHAPITRE XIV.

Robinson manque d'être écrasé.

Tout étoit en ordre dans mon habitation, & j'achevois de mettre la derniere main aux embellissements qu'il m'avoit plu d'y faire, quand je faillis d'être écrasé sous mon propre ouvrage. Cette circonstance de ma vie est une de celles où je peux me vanter d'avoir eu la peur la mieux conditionnée. Voici le fait.

Je m'occupois derriere ma tente, enchanté de mon industrie, & jouissant par avance, de tous les agréments qu'elle devoit me procurer dans la suite, lorsque tout à coup je sentis s'ébranler le rocher qui étoit suspendu sur ma tête. En même temps j'entendis craquer horriblement les poutres de ma caverne. Je me retourne saisi de frayeur, je vois mon plancher prêt à fondre sur moi. Aussi-tôt je me sauve vers mon échelle, & ne m'y croyant pas encore en sureté, parce qu'à tout moment j'appercevois des morceaux entiers du rocher qui menaçoient de m'ensevelir sous leur chute; je me hâte de sauter par-dessus ma muraille.

J'eus à peine mis le pied de l'autre côté de ma palissade, que je reconnus clairement qu'il y avoit un tremblement de terre affreux. Trois fois le terrein où j'étois, trembla sous mes pieds. Il y eut, entre chaque reprise, un intervalle de huit minutes, & les trois sécousses furent si violentes, que les édifices les plus solides & les plus forts en auroient été renversés. L'Océan même me paroissoit ému, ses flots écumoient, & selon toutes les apparences, le tremblement étoit encore plus terrible sous les eaux que dans l'Isle.

Le mouvement de la terre m'avoit donné des soulevements de cœur, comme auroit fait celui d'un Vaisseau battu de la tempête, si j'avois été sur mer. Je n'avois rien vu, je n'avois même entendu rien dire de semblable. L'étonnement dont j'étois frappé, glaçoit mon sang dans mes veines, & suspendoit toutes les facultés de mon ame. Quand j'eus un peu repris mes sens, mon imagination troublée me peignit ma caverne & ma tente toutes prêtes à s'écrouler sous moi. Épouvanté de cette idée, je veux prendre la fuite ; mais dans l'instant même où je fuis, un nouvel effroi m'arrête. Il y avoit un rocher vis-à-vis de ma demeure, j'y courois, il se fendit en deux, & s'écroula. Je me retourne, mais je n'entrevois que des objets horribles. Entre autres une montagne entiere menaçoit de s'abaisser sur ma tête, & sous son propre poids, & d'ensevelir ainsi toutes mes richesses sous ses ruines. Cette vue rejeta mon ame dans sa premiere léthargie.

J'étois assis, ou plutôt j'étois étendu sans aucun mouvement sur la terre. L'air s'obscurcit, & le Ciel se couvrit de nuages. Un moment après, le vent se leve, la mer se blanchit d'écume, le rivage est inondé de flots, les arbres se déracinent, & tombent ; en un mot, je vois tous les ravages de la plus affreuse tempête. Elle dura pendant trois heures, & elle diminua ensuite. Au bout de trois autres heures, le temps fut calme, mais la pluie tomboit en abondance.

J'étois toujours dans la même situation de corps & d'esprit, quand je réfléchis tout-à-coup que la pluie & le vent étant une suite naturelle du tremblement de terre, il falloit que ce dernier fût épuisé, puisque les deux autres avoient lieu. Je pouvois donc me hazarder à retourner dans ma demeure. Ces pensées consolantes réveillerent mes esprits, & la pluie aidant encore à me persuader, j'allai m'asseoir dans ma tente. Mais bientôt la crainte que la violence de l'orage ne la renversât, me la fit déserter, & je me refugiai dans ma caverne, où le péril étoit réellement plus grand que dans ma tente ; mais où je le redoutois moins, parce que le bruit & les éclats s'y faisoient moins entendre.

CHAPITRE XV.

Robinson veut changer de demeure.

LA pluie continua toute la nuit, & une bonne partie du lendemain. Je ne pouvois point sortir, & je n'avois point dormi, deux circonstances qui ne contribuoient pas peu à me rendre ma situation plus insupportable. Cependant mes grandes frayeurs étoient passées, & me possédant un peu mieux, je commençai à raisonner sur mon état. — L'Isle que j'habite, me dis-je à moi-même, est sujette à des tremblements de terre ; donc, en choisissant ma demeure au pied d'un rocher, j'ai fait une sottise que je ne peux réparer qu'en allant m'établir sur une hauteur, & dans un lieu découvert, où je n'aye aucune chute à craindre. —

Comme j'étois seul, il y avoit loin d'un projet à son exécution ; sur-tout lorsqu'il s'agissoit d'une entreprise aussi considérable que celle de me loger ailleurs moi & toutes mes provisions. Cependant, je ne dormois plus, je ne mangeois plus. A chaque soufle, je me croyois au dernier moment de ma vie ; une seule feuille agitée par le vent, me peignoit le bouleversement entier de la nature ; & quand la fatigue appesantissoit mon corps, j'avois à peine les yeux fermés, que mon imagination me réveilloit en sursaut, me traçant ma caverne culbutée, & moi-même enseveli pêle mêle parmi ses débris.

Pour me guérir de mes frayeurs, je songeois très-sérieusement à me chercher un nouveau domicile. Mais d'un autre côté, quand je réfléchissois sur les travaux immenses que m'avoit coûté ma premiere demeure ; quand je me représentois le bel ordre dans lequel j'étois venu à bout de ranger toutes mes richesses ; enfin, quand je me remontrois à moi-même, combien j'étois agréablement caché, combien j'étois paisible & tranquille ; en un mot, combien j'avois peu à redouter les irruptions de quelque animal que ce pût être ; certes, il me sembloit bien dur de renoncer à tant d'avantages, & d'être obligé à tout recommencer sur nouveaux frais. Je balançai très-long-temps à prendre mon parti. Quand le temps étoit calme, je n'avois plus la force de sortir de ma retraite ; quand il survenoit quelque tempête, je n'avois plus le courage d'y rester.

A la fin, la crainte de mourir tout vif l'emporta, & je résolus de mettre incessamment la main à l'œuvre. Mais helas, quand on est malheureux, on l'est en tout ! J'avois un bon nombre de haches, & pas une n'étoit en état ; à force de charpenter & de couper des troncs d'arbres durs & noueux, le taillant s'en étoit émoussé. J'étois bien possesseur d'une pierre à éguiser, mais il me manquoit le secret de la faire tourner, pour m'en servir. Cette difficulté m'intrigua long-temps ; toutes fois après y avoir bien revé, j'inventai une roue attachée à un cordon par le moyen duquel je donnois le mouvement à ma pierre avec le pied, tandisque j'avois les deux mains libres. Cet effort d'imagination me coûta huit jours entiers. — Rien n'étoit plus simple, m'objectera peut-être ici quelqu'un de ces mauvais plaisants dont le talent est de trouver aisé tout ce qui n'est plus à faire. — A cela je répondrai que cette chose si simple ne l'étoit point du tout pour un homme qui jamais n'avoit vu de machine pareille,

& qui ne s'étoit pas cru né jusques-là pour le métier de gagne-petit. Quoi qu'il en soit, je me sus bon gré de ma découverte, & en moins de deux fois vingt-quatre heures, tous mes outils furent repassés dans les formes.

Il s'agissoit actuellement de travailler. Comme j'allois entreprendre un ouvrage de longue haleine, & que mon dessein n'étoit pas de l'interrompre, je crus devoir examiner auparavant où en étoient mes provisions, & si elles pourroient durer autant que mon travail. Je fis en conséquence la revue de mon pain ; il étoit considérablement diminué ; & mon calcul fait à peu près, je vis qu'il falloit me réduire à un biscuit par jour ; ce qui me causa un véritable chagrin.

A ce coup d'œil désolant, toute mon ardeur s'étoit ralentie ; ou plutôt elle étoit disparue. Au lieu de songer à me fabriquer une habitation nouvelle, je me promenois tristement sur le bord de la mer, revant aux moyens qu'il me falloit employer pour ne pas mourir de faim. En levant les yeux, j'apperçus quelque chose d'assez gros sur l'eau ; je m'approchai ; c'étoit un tonneau rempli de poudre. Cette trouvaille acheva de me déterminer, & je renonçai absolument au désir que j'avois eu de changer de demeure. Je pris au contraire dès ce moment, la résolution de ne perdre jamais la mer de vue, afin de profiter du premier Vaisseau que j'y découvrirois, si j'étois assez heureux pour que la tempête en jetât quelqu'un auprès de mon Isle.

Ce nouveau projet une fois conçu, j'oubliai tous les autres, & je ne songeai plus qu'à vivre. Je me promenai jusqu'à la fin du jour ; & le soir, en rentrant chez moi, je trouvai une tortue sur mon chemin. L'Isle en étoit pleine, mais par un effet du malheur, c'étoit la premiere que je rencontrois ; je la pris ; elle avoit soixante œufs. Depuis mon arrivée dans cet affreux séjour, je n'avois point mangé d'autre viande que celle des oiseaux & des boucs ; & ce nouveau mets me parut le plus délicieux du monde. Après mon souper, mes idées noires me revinrent, & la crainte d'être écrasé me tint long-temps éveillé ; mais enfin je vainquis mes frayeurs & je m'endormis.

CHAPITRE XVI.

Robinson est malade.

LE lendemain, dès que je fus levé, je voulus retourner à la chasse aux tortues, mais il pleuvoit. La pluie même me parut froide ; comme je ne l'avois jamais trouvée telle, cette nouveauté m'alarma un peu : je rentrai. En m'asseyant, je sentis une sorte de frisson dont je ne devinois point la cause ; effrayé sur mon état, je m'avise de me tâter le poulx ; j'avois la fievre. Je me mis au lit aussi-tôt ; mais j'y fus à peine, que j'y éprouvai du froid, des tremblements, & un violent mal de tête.

Pour tout remede, je ne pouvois que réfléchir, & les réflexions ne guérissent pas. La nuit me surprit sur mon grabat, au milieu de mes douleurs & de mes pensées ; alors mon mal redoubla, & mon imagination l'augmentoit encore. Je me voyois seul dans un désert affreux, n'ayant ni assez de tête pour me conduire, ni assez de forces pour me servir moi-même. On peut se passer de médecines, mais non de tous autres secours, lors sur-tout que la situation de l'esprit est aussi peu propre que l'étoit la mienne à remédier aux maladies du corps. Cependant un nouvel accès de fievre me prit : j'eus le transport, il m'épuisa, & je dormis.

Je me réveillai avec une soif brûlante, mais il ne faisoit pas encore jour, & il n'y avoit pas un verre d'eau dans toute ma demeure ; il fallut donc m'en passer, attendre & souffrir. Dès que le jour reparut, je me levai malgré ma foiblesse, & faisant successivement vingt efforts à vingt reprises différentes, j'arrivai jusqu'à une source d'eau vive où je me désaltérai. Ce rafraîchissement dont j'avois grand besoin, m'ayant redonné un peu de force, j'en profitai pour aller à la chasse ; car les vivres me manquoient. Je pris le plus leger de mes fusils qui me parut encore fort pesant ; une chevre se rencontra sous ma main, je la tuai ; & ne pouvant la porter jusques chez moi, je l'y traînai. J'aurois bien voulu en étuver une partie pour me faire un peu de bouillon ; mais faute de pot, je me vis contraint de la manger rôtie sur des charbons.

Ma maladie augmentoit cependant, & chaque progrès qu'elle faisoit, diminuoit d'autant mon courage. Après avoir mangé, & m'être redonné la fievre, je me remis au lit ; une demi-heure après, j'eus une soif brûlante ; mais je n'avois pas assez de force pour me lever & m'aller chercher à boire. Enfin j'eus recours à Dieu, que mon délire ne me laissoit guere en état de prier : — Seigneur, m'écriois-je, tourne ta face vers moi ! Seigneur, prends pitié de moi ! — Il y a toute apparence que je ne fis rien autre chose que prononcer ce peu de paroles l'espace de deux ou trois heures, au bout desquelles m'étant endormi, je me réveillai trempé de sueur & mourant de soif.

Je me rappellois tous les malades que j'avois vus dans le cours de ma vie, afin de me rappeller en même temps, s'il étoit possible, quelle sorte de remede on avoit employé pour les guérir ; mais étant sorti jeune de ma patrie, & n'ayant jamais connu de Médecins, c'étoit bien vainement que je me fatiguois l'esprit sur un point dont je n'avois nulle connoissance. Enfin, je me ressouvins que les Brésiliens, quels que fussent leurs maux, n'y appliquoient que du Tabac pour toute médecine. J'avois du Tabac, mais j'ignorois comment il le falloit apprêter. Je l'arrangeai, à tout hazard, de toutes les manieres que je pus imaginer, espérant que dans la foule, peut-être je rencontrerois la bonne. D'abord, j'en trempai deux feuilles dans du *Rum*, pour le prendre en me couchant ; j'en pris ensuite deux autres que je mâchai : mais comme elles étoient vertes pour la plupart & très-fortes, & que d'ailleurs je n'y étois pas accoutumé, elles me donnerent dans la tête ; cet inconvénient ne m'empêcha pourtant point d'en griller fur des charbons, & de me tenir panché fur la fumée qui en fortoit, auffi long-temps & auffi près, que la crainte de me brûler ou de me fuffoquer, put me le permettre.

Cette derniere opération finie, il étoit tard & je me couchai ; mais auparavant, dans la crainte que la fievre ne me reprît, je pourvus aux rafraichiffements dont je pourrois alors avoir befoin. Je pris de l'eau en abondance, & pour en ôter la crudité, j'y ajoutai un peu de *Rum* ; le tout étoit dans une grande bouteille quarrée que je mis fur ma table, auprès de mon lit. J'allumai ma lampe, j'approchai de moi tout ce que je prévis devoir m'être utile, & toutes mes précautions prifes, je m'endormis. Mon fommeil fut fi profond, que je fuis encore perfuadé aujourd'hui que je ne me réveillai que le furlendemain, à trois heures après midi, environ. Quoi qu'il en foit, je me fentis extrêmement soulagé à mon reveil. J'étois plein de courage & de joie ; mon estomac s'étoit fortifié, mes forces, à ce qu'il me sembloit, étoient revenues ; & pour dernier symptôme de guérison, j'avois faim.

Le lendemain, je fus à la chasse, mais auprès de chez moi, pour ne pas me fatiguer. Je rentrai de bonne heure, je me reposai le reste du jour, & le soir je pris une seconde médecine. Le surlendemain je fis à peu près le même exercice que le jour précédent ; je pris le soir une troisieme médecine, & la fievre disparut.

J'étois guéri, je le sentois ; mais je ne reprenois point ma vigueur premiere, ou je la reprenois du-moins si lentement, que vingt fois dans la journée, l'état de langueur où je me voyois, me désespéroit. Je sortois tous les jours avec mon fusil ; mais je faisois mes promenades fort courtes, comme un homme qui releve de maladie, & qui auroit risqué de ne pouvoir regagner le gîte, s'il s'en fût un peu trop écarté. Aussi faut-il avouer que j'avois fait choix d'un remede assez nouveau ; je n'ai même jamais conçu par quel hazard il m'avoit rendu la santé. Ami Lecteur, si vous avez la fievre, le Tabac est une recette que je ne vous conseille pas ; je l'employai, il est vrai, avec assez de bonheur, mais il m'en resta un si grand épuisement, & mes nerfs en furent tellement ébranlés, que j'eus toutes les peines du monde à me remettre.

Au reste, comme le malheur est toujours bon à quelque chose, ma maladie m'apprit à distinguer sûrement le beau temps d'avec la pluie Elle m'apprit sur-tout à ne point m'exposer pendant l'orage ; circonstance qui me rendit aussi habile astronome, que sage dispensateur de mon temps. Tous les matins j'examinois le Ciel à mon lever; & d'après mes observations, j'arrangeois les emplois différents de ma journée.

CHAPITRE XVII.

Robinson fait le tour de son Isle.

JE commençois à me familiariser avec mon Isle ; la nécessité d'y vivre, l'impossibilité d'en sortir, tout me forçoit à m'y accoutumer. C'étoit un article de foi dans mon esprit, qu'un lieu si sauvage avoit toujours été inconnu. Croyant donc très-fermement que jamais créature humaine n'en avoit soupçonné l'existence, je n'avois eu à me fortifier que contre les animaux. Toutes ces mesures prises de ce côté-là, me voyant souverain légitime d'une part; & de l'autre, en état de faire face à tout ce qui pourroit m'attaquer, je songeai à faire le tour de mes états. J'en voulois examiner tous les arbres, tous les fruits, toutes les plantes, afin de tirer parti de toutes mes possessions.

Je débutai dans ma premiere visite, par la petite baye où j'étois abordé avec mes radeaux. Parti de ce point, j'avançai deux mille environ, montant toujours le long de la riviere jusqu'à un petit ruisseau d'eau douce excellente, où finissoit la marée.

Ce ruisseau couloit à peine en certains endroits, la sécheresse extrême de la saison l'avoit tari. Sur ses bords, je trouvai plusieurs prairies; & ce coup d'œil auquel je ne m'attendois pas, me fit un très-grand plaisir. Ces prairies charmantes étoient couvertes de la plus agréable verdure; en s'éloignant du lit qui sembloit les avoir fait naître, elles s'élevoient avec une pente insensible; & dans l'endroit où il n'y avoit pas d'apparence qu'elles pussent jamais être inondées, c'est-à-dire, auprès des côteaux qui les bordoient, croissoit, outre une quantité prodigieuse de Tabac verd dont les tiges me surprirent par leur hauteur, un grand nombre d'autres plantes que je ne connoissois pas. J'y trouvai, entre autres, de l'aloës, dont je ne savois que le nom, sans en connoître encore l'usage. J'y trouvai aussi des cannes de sucre, mais toutes imparfaites & sauvages, faute de culture.

Ce fut par cette derniere découverte que je terminai ma promenade & mes recherches.

J'épuisai tous les ressorts de mon esprit, en m'en retournant ; je cherchois à deviner les moyens que je pourrois mettre en usage pour découvrir les propriétés des plantes que j'avois trouvées, & de celles que je trouverois dans la suite ; mais j'étois si ignorant, & j'avois été si peu curieux de m'instruire & d'étudier la nature pendant mon séjour dans le Bresil, que toutes mes réflexions là-dessus me furent, à mon grand regret, très-inutiles.

Le lendemain, je repris la même route, & m'étant avancé un peu plus loin que je n'avois fait la veille, je vis finir mon ruisseau & mes prairies. La campagne étoit plus couverte de bois ; il y avoit dans ces bois une abondance incroyable de fruits de toutes les especes ; particulierement, force melons couchés sur la terre, force raisins pendus aux arbres, & dont la grappe pleine & riante ne sembloit demander que la main du vendangeur.

Ce spectacle m'enchanta. J'eus pourtant la sagesse de n'en pas croire mon appetit. J'avois vu plusieurs de nos esclaves mourir en Barbarie, pour ne s'être pas modérés sur la quantité de raisins; & prudemment, afin d'éviter les dissenteries & les fievres, je pris, avant que de gouter au mien, la résolution de le couper & de le faire sécher au soleil. Je poussai même le scrupule jusqu'à le conserver intact pour mon automne, persuadé qu'alors je me trouverois une provision de fruits secs aussi sains, que délicieux. Ces précautions me réussirent à souhait, & passerent même l'espérance que j'en avois conçue.

Cependant, j'employai toute ma journée à contempler mes nouvelles richesses, & à raisonner avec moi-même, sur l'emploi que j'en devois faire. Le soir, comme j'étois assez loin de chez moi, & qu'il étoit déja tard, avant que je songeasse à me retirer, je crus pouvoir me déterminer, sans conséquence, à decoucher. C'étoit la premiere fois, depuis mon arrivée dans l'Isle, que ma conduite avoit souffert quelqu'irrégularité sur ce point, qui assurement n'étoit pas suspect. Dès que la nuit fut venue, je me choisis un logement semblable à celui dont j'avois fait mon premier azile; ce fut un arbre extrêmoment touffu. Je me plaçai sur ses branches, le plus commodément qu'il me fut possible, & j'y dormis d'un très-profond sommeil, revant de melons prêts à couper, & de raisins secs.

Le lendemain, je continuai ma marche; mais j'eus fait quatre mille à peine, que je trouvai la fin de mes bois. Je n'avois plus devant moi qu'un pays découvert. Un ruisseau d'eau fraîche jaillissoit du haut d'une colline, & toute cette partie paroissoit si tempérée, si verte, si fleurie, qu'on l'eût prise d'un côté pour un jardin dessigné par la main de l'art, & que de l'autre, il étoit aisé de voir que la nature y faisoit régner un printemps éternel.. Je m'assis un moment sur la croupe de cette vallée délicieuse, pour la considérer plus à loisir. Sa vue suspendit au fonds de mon cœur tous les soucis dont il étoit devoré ; & mes inquiétudes les plus vives céderent au plaisir si pur de me dire à moi-même, que tout ce que je voyois étoit mon bien. En effet, Seigneur & Roi de tout le pays que je venois de parcourir, si j'avois eu des héritiers, j'aurois pu le leur transmettre aussi incontestablement que le plus légitime héritage.

Au reste, pour entrer dans quelque détail, cette portion de mon Domaine étoit remplie de Cacao, d'Orangers, de Limoniers & de Citronniers. Il est vrai qu'ils étoient sauvages, & qu'il n'y en avoit qu'un petit nombre qui portât des fruits, au moins dans la saison où j'étois alors; Cependant les limons verds que je cueillis étoient fort agréables au goût, & très-sains pour le corps. Dans la suite, j'en mêlai le jus avec mon eau qui en devenoit meilleure, plus fraiche & plus salutaire.

CHAPITRE XVIII.

Robinson fait ses provisions.

LA saison pluvieuse approchoit. Comme il m'en avoit assez coûté pour apprendre quels dangers entraînoit la pluie après soi, je me hâtai de cueillir mes fruits, afin qu'ils séchassent d'autant, & que je n'eusse plus qu'à les emporter. J'en fis trois monceaux; le premier & le plus considérable étoit composé de raisins; le second de limons verds, & le troisieme de citrons. J'en pris d'avance un petit échantillon de chaque espece, & je m'en retournai chez moi, où je me revis avec plaisir après trois jours d'absence.

Le premier soin qui m'occupa, dès que

j'eus jeté un coup d'œil rapide dans ma demeure, pour voir si tout y étoit en sa place, fut de mettre bas mon fardeau & de visiter mes raisins. Malheureusement, j'avois choisi les plus beaux & les plus murs; d'un autre côté, ils s'étoient tellement froissés sur la route, qu'ils ne valoient plus rien. Le reste, plus dur & plus solide, s'étoit aussi mieux conservé; mais, comme je l'ai remarqué déja, je n'en avois pris qu'une très-petite quantité.

Je retournai le jour suivant à ma recolte, avec trois sacs que j'avois fabriqués exprès, pour la transporter plus facilement; mais en y arrivant, je me vis bien éloigné de mon compte. Mes raisins, que j'avois laissés si appetissants la veille, & que j'avois pris plaisir à bien amonceler, étoient traînés & dispersés çà & là par morceaux; la plus grande partie même en étoit rongée. Je conclus de ce dégât, qu'il y avoit aux environs quelques animaux sauvages qui l'avoient commis; & comme une réflexion en amène une autre, j'observai encore, en considérant mes sacs, qu'ils n'étoient nullement propres à transporter mes raisins.

La situation devenoit embarrassante. — Que je les emporte, me disois-je, tout le jus va s'en exprimer en chemin; que je les laisse sur les lieux, tout ce qui m'en reste sera dévoré. Comment faut-il donc que je m'y prenne ? — Enfin, je m'avisai de les pendre aux arbres, & de les y laisser sécher au soleil, jusqu'à ce qu'ils fussent en état de souffrir le transport. Quant aux deux autres tas, qui n'avoient essuyé aucune insulte, j'en enlevai tout autant qu'il m'en falloit pour plier sous ma charge.

Toutes les découvertes que j'avois faites étoient une preuve bien évidente & bien claire que l'endroit de l'Isle le moins habitable, étoit celui que j'avois choisi pour ma demeure. Je contemplois avec une admiration mêlée de désir, la vallée féconde & délicieuse que je quittois; je comptois les avantages qu'il y auroit pour moi à m'y voir à l'abri des orages, derriere les bois & les côteaux dont elle étoit environnée; je regardois mes raisins & mes autres fruits; ils m'invitoient à me venir fixer auprès d'eux. Cependant, j'eus la sagesse de n'en rien faire; & après de mures réflexions, je préférai mon Château. Il étoit sur le bord de la mer; j'y avois été jeté par un naufrage; d'autres malheureux pouvoient avoir le même sort, & réunissant alors notre infortune & nos ressources, nous travaillerions de concert à notre affranchissement. Cette espérance n'étoit rien moins que sûre, il est vrai ; mais enfin, en me renfermant au centre de mon Isle, au milieu des collines & des bois, n'étoit-ce pas redoubler mes entraves, & rendre ma délivrance absolument impossible ?

Tel étoit toutefois mon penchant pour un si bel endroit, que je demeurai quinze jours à jouir de sa vue ; & quoiqu'il fût bien décidé dans mon esprit, que je ne m'y établirois pas, je ne pus m'empêcher d'y bâtir une espece de Métairie, au milieu d'une enceinte assez spacieuse que je garnis en dedans & en dehors, d'une haie double bien palissadée. Je l'élevai à ma hauteur, à peu près ; & pour y entrer, je passois & je repassois une échelle par dessus, comme j'en usois dans ma premiere habitation. Dès-lors, je me regardai comme possesseur de deux maisons ; l'une sur la côte, pour veiller au Commerce & à l'arrivée des Vaisseaux ; l'autre à la campagne, pour faire la moisson & les vendanges.

Je commençois à recueillir le fruit de mes derniers travaux, & tous mes ouvrages étoient achevés dans ma retraitte nouvelle, quand les pluies vinrent m'en déloger. Je m'y étois bien dressé une tente ;
mais

DANS SON ISLE.

mais comme mon projet n'étoit pas de m'y fixer à demeure, & que je ne voulois au contraire qu'y passer de temps en temps quelques jours dans la belle saison, je n'avois, pour ainsi dire, pris de précautions que contre le soleil. D'ailleurs, je n'étois pas là au pied d'un rocher haut, & sans pente, qui me servît de boulevard; & je n'avois pas derriere moi une caverne où je pusse me retirer quand les pluies seroient extraordinaires.

Je cueillis donc mes raisins qui étoient secs, & je rentrai chez moi avec toutes mes provisions.

Je trouvai avec étonnement que ma famille s'étoit augmentée pendant mon absence. J'étois debarqué avec deux chattes; il y avoit long-temps déja que j'avois eu le chagrin d'en voir disparoître une dont je n'avois plus eu de nouvelles. Je la croyois morte enfin, & je l'avois oubliée, lorsqu'à mon retour, je la revis pleine de vie, & escortée de trois petits chats. Comme je n'avois eu en tout que deux femelles, cette progéniture me parut d'abord un peu étrange à concevoir. A la fin, je me ressouvins d'avoir tué un animal qui n'étoit pas très-différent d'un chat sauvage, & dont les semblables avoient apparemment donné le jour à mes nouveaux chatons. Au reste, ils pullulerent si fort, & leur postérité devint bientôt si nombreuse, qu'après m'avoir intrigué sur leur naissance, ils menaçoient de m'empoisonner par leur fécondité. Je fus obligé d'y mettre ordre à coups de fusil.

CHAPITRE XIX.

Robinson est confiné dans sa caverne.

IL pleuvoit, & je ne sortois plus; ma fievre, je l'ai déja remarqué, m'avoit appris à ne point m'exposer. Cependant, ma prison devenant un peu longue, & les vivres commençant à me manquer, il fallut bien, malgré toute ma répugnance, me résoudre à aller dehors. Je m'y hazardai deux fois en tremblant; la premiere, je tuai un bouc : & la seconde, je trouvai une tortue fort grosse qui me remit au niveau de mes petites affaires. Je rentrai aussi-tôt dans ma coque, où grace à mes nouvelles provisions, & moyennant un peu d'économie, je pouvois attendre en paix, le retour de la belle saison.

Voici de quelle maniere mes repas étoient réglés : mon dejeuner étoit composé d'une grappe de raisin ; c'étoit un mets excellent, & j'en avois en abondance ; à diner, je me servois un morceau ou de tortue ou de bouc : mais je ne pouvois le manger que rôti, ou plutôt grillé sur des charbons ; car je n'avois point eu l'esprit encore de me fabriquer les vases nécessaires pour faire bouillir ma viande ; le soir, je me contentois de deux œufs de tortue pour mon souper : quelquefois j'allois jusqu'au troisieme, mais c'étoient-là mes jours de débauche ; encore n'arrivoient-ils que fort rarement, & pour cause.

On imagine bien, sans que je le dise, que je n'étois pas oisif dans ma retraite. Outre que l'ennui m'y auroit accablé, si j'y fusse demeuré les bras croisés, j'avois de la besogne trop importante & trop pressée, pour ne pas m'en occuper. Tous les jours, je travaillois régulierement deux ou trois heures à aggrandir ma caverne, & je parvins insensiblement à me pratiquer une sortie libre derriere mes fortifications ; j'avois percé le rocher de part en part. D'abord je conçus quelqu'inquiétude, en me voyant ainsi découvert ; car voilà l'homme : les desseins dont il hâte le plus l'exécution, ont à peine le succès qu'il a désiré, que son propre ouvrage lui déplait ou l'épouvante. — J'étois parfaitement bien enclos de toutes parts auparavant, me difois-je, & voilà que je me livre moi-même en butte aujourd'hui au premier aggreſſeur qui voudroit attenter ſur ma vie ! — Demandez-moi ce que j'avois à craindre dans un lieu que j'avois tant parcouru dans tous les temps, à toutes les heures, & où l'animal le plus redoutable que j'euſſe rencontré, étoit un bouc ! A la fin la certitude que je ne pouvois courir aucune eſpece de danger, diſſipa toutes mes frayeurs ; & je ne vis plus que l'utilité de la ſortie que je m'étois ménagée.

Quand je fus bien remis de ma peur, une expérience que j'avois faite à mes dépens, me donna une occupation nouvelle. Je m'appercevois déja de la régularité des ſaiſons ; je ne me laiſſois plus ſurprendre, ni par la pluie, ni par la ſécherefle, & je ſavois me pourvoir pour l'une & pour l'autre ; mais avant que d'en venir-là, j'avois payé & même aſſez cher, l'intérêt de mon ignorance. Peut-être ſe rappelle-t-on ces grains miraculeux d'orge & de ris que j'avois été ſi étonné de trouver à ma porte ; j'avois pris grand ſoin de cultiver & de préparer exprès une piece de terre, pour les y ſemer ; mais ayant fait cette opération, comme un imbécille, dans le moment où les pluies venoient de cesser, ma terre manqua de l'humidité qui lui étoit nécessaire, & mes grains ne germerent point. Heureusement je n'en avois employé alors qu'une partie ; & me trouvant actuellement dans la saison propre aux semences, je me hâtai d'employer l'autre.

Je me rendis pour cet effet à ma métairie; j'y choisis une nouvelle piece de terre, je la labourai, j'y déposai mon grain, les pluies le nourrirent, & j'eus la récolte la plus abondante que je pouvois attendre.

Tandis que mon bled croissoit, je fis une découverte dont je sus bien tirer parti dans la suite. Aussi-tôt que les pluies furent passées, je courus à ma maison de campagne, où, après quelques mois d'absence, je retrouvai toutes mes possessions dans le même état, ou, pour mieux dire, améliorées. En effet, non-seulement ma double haie étoit ferme & entiere, mais les pieux que j'avois faits avec des branches d'arbres, coupées là autour, avoient produit d'autres branches encore aussi longues qu'auroient pu faire de jeunes saules. Je fus bien surpris & bien enchanté en même-temps de voir croître ces jeunes plantes. Je les taillai, je les cultivai, prenant assez bien mes dimensions pour qu'elles vinssent toutes à un même niveau, s'il étoit possible. Elles prospérerent à souhait ; &, au bout de trois ans, quoique mon enceinte eût environ vingt-cinq verges de diametre, elles la couvrirent néanmoins toute entiere, & firent une ombre si épaisse, que j'aurois pu loger dessous, pendant toute la saison seche.

Ce succès m'encourageant, je me résolus à couper encore d'autres pieux de la même espece, & à m'en composer une haie, en forme de demi cercle, pour en fermer ma muraille, j'entends celle de ma premiere habitation. J'y plantai un double rang de ces pieux qui devenoient des arbres ; ils étoient à la distance d'environ huit verges de ma vieille palissade. Ils crûrent bien vîte, & me servirent premierement de couverture pour ma demeure ; & ensuite de rempart-même & de défense, comme je le raconterai dans son lieu.

Mais pour reprendre le fil de ma narration où je l'ai laissée, je m'occupai tout le reste de la saison pluvieuse, à construire bien ou mal, les petits meubles différents dont j'avois besoin. Celui qui me coûta le plus de peines, & dont, après bien des essais inutiles, je fus obligé de remettre la façon à un autre temps, fut un pannier. Je m'y pris, pour y réussir, de toutes les manieres que je pus imaginer ; mais le même inconvénient m'arrêtoit toujours, & les branches dont je me servois étoient si aisées à casser, que je n'en pouvois rien faire. J'en conclus enfin qu'il me falloit attendre la belle saison pour aller couper auprès de ma maison de campagne les rejettons de l'arbre qui m'avoit fourni mes pieux ; j'avois remarqué que ces rejettons dans leur primeur, étoient aussi flexibles que ceux du saule & de l'osier.

J'étois pressé d'avoir en ma disposition deux choses encore : quelques vases d'abord ; & ensuite une pipe. Pour la pipe, j'eus beau mettre en mouvement tous les ressorts de mon imagination, je ne pus qu'y suppléer, encore fort mal adroitement. Quant aux vases, j'en vins plus aisément à bout ; & ce succès me fit un plaisir d'autant plus sensible, que mes bouteilles étant pleines d'eau de vie ou d'autres liqueurs, il ne me restoit aucun vaisseau propre à rien contenir de liquide. Je n'avois pas même un pot à faire cuire quoi que ce soit ; car la marmite que j'avois sauvée du Vaisseau étoit trop grande pour qu'il me fût possible d'y faire le peu de bouillon, & d'y étuver la petite quantité de viande que comportoit mon ordinaire.

CHAPITRE XX.

Robinson s'avance plus avant dans son Isle.

LEs pluies avoient cessé de tout inonder, & le beau temps alloit les remplacer. Au milieu de mes occupations, l'envie d'achever le tour de mon Isle revint me saisir; je pris mon fusil, une hache, de la poudre, du plomb, & trois grapes de raisin que je mis dans un petit sac. Mon chien m'accompagnoit dans toutes mes courses; il me suivit, & nous partimes ensemble de ma maison de campagne.

Quand j'eus traversé la vallée dont j'ai tant parlé, je vis la mer; &, comme il faisoit un temps fort clair, à quinze lieues de là environ, j'entrevis la terre. Mais j'avois perdu la carte en faisant naufrage, & il me fut impossible de me dire quel pouvoit être le pays que je découvrois. Seulement, après m'être orienté de mon mieux, je me persuadai qu'il étoit en Amérique, & qu'il devoit même confiner avec les Terres Espagnoles, mais que malgré ce voisinage, il pourroit être habité par des Peuples Barbares, qui, si j'y eusse abordé, m'auroient fait subir un sort plus cruel que ne l'étoit le mien. Aussi la fantaisie de m'y rendre ne me prit-elle pas ; je réfléchis au contraire que si cette côte faisoit partie des possessions d'un Royaume Européen, en y donnant un peu d'attention, je verrois infailliblement de temps à autre, quelques Vaisseaux passer & repasser aux environs ; au lieu que si je n'en appercevois aucun, il me restoit à en inférer que cette terre étoit la côte qui sépare la nouvelle Espagne du Brésil, c'est-à-dire, une retraite d'Antropophages, qui jamais n'ont manqué de massacrer & de dévorer tous ceux qui leur sont tombés entre les mains.

Je m'avançois tout à loisir, en faisant ces sages reflexions. Ce côté de l'Isle me parut, à tous égards, supérieur au mien ; les paysages en étoient plus beaux, les plaines plus verdoyantes, les champs plus émaillés de fleurs, les arbres plus élevés & plus touffus. Entre autres curiosités, toutes bien dignes de mes désirs, j'y trouvai une quantité prodigieuse de perroquets. J'aurois très-fort souhaité d'en prendre un pour l'apprivoiser, & le mettre en état de me tenir compagnie ; mais je fus long-temps à leur tendre des pieges qu'ils éviterent. A la fin j'en vis un jeune à ma portée, & visant à l'étourdir sans le tuer, je l'abbatis d'un coup de bâton. Dès qu'il fut à terre, je courus à lui, je le relevai, je le mis dans mon sein, &, à force de soins, je le rétablis si bien, qu'il arriva chez moi en parfaite santé.

Les premieres leçons que je lui donnai ne me réussirent pas d'abord merveilleusement bien, & mon nouveau compagnon avoit la tête un peu dure; mais je mis tant de zele & de patience dans mes instructions, & je lui répétai mon nom si souvent, qu'il parvint à le prononcer d'une façon tout-à-fait familiere. Il en résulta même un jour une petite aventure, qui, bien qu'elle ne soit au fonds qu'une bagatelle, ne laissa point cependant que de m'intriguer très-fort. J'en parlerai dans le temps.

Mon voyage & mes découvertes me donnoient un vrai plaisir. Je rencontrois dans les lieux bas des animaux sans nombre, que je prenois les uns pour des lievres, les autres pour des renards; mais qui ne ressembloient à rien de tout ce que j'avois vu jusques-là. J'en tuai plusieurs, afin de les considérer de plus près; leur chair me parut devoir être bonne, & elle me tentoit un peu ; cependant, comme je ne la connoissois point, je résistai à la tentation. Ma cuisine étoit trop bien fournie d'ailleurs, pour que j'allasse me risquer à faire des expériences dangereuses ; j'avois des boucs, des pigeons, des tortues, en aussi grande quantité qu'il me plaisoit d'en avoir ; en outre, j'avois mes raisins dont il ne tenoit qu'à moi d'augmenter le nombre à mon gré. Mais revenons.

Quoique je n'avançasse guere plus de deux mille par jour, je faisois tant de tours & de detours, pour tout voir & tout examiner, que le soir j'étois suffisamment fatigué. Je me choisissois alors un arbre, & je passois la nuit sur ses branches ; ou, quand il n'y en avoit pas autour de moi qui me convînt, je m'en choisissois deux au milieu desquels je me couchois, après avoir préalablement planté un rang de pieux à chacun de mes côtés, pour me servir de boulevard en cas d'attaque, ou du-moins pour empêcher qu'aucun animal pût fondre sur moi, sans m'avoir éveillé auparavant.

Lorsque je fus au bord de la mer, mon admiration augmenta pour ce côté de l'Isle. Tout ce qui s'offroit à ma vue, me confirmoit dans l'opinion où j'étois déja, que l'endroit de mon désert le moins supportable en tout point, étoit celui que j'avois choisi : les entours de mon habitation ne m'avoient fourni que trois tortues, dans l'espace d'un an & demi; & la vallée que je contemplois étoit couverte de ces animaux, ainsi que d'oiseaux de toute espece, dont quelques-uns même m'étoient connus. J'en aurois pu tuer à plaisir, d'autant mieux que leur chair étoit excellente; mais je devenois avare de ma poudre & de mon plomb ; & mes provisions de bouche devant par cette raison, être plutôt abondantes, que délicates, tout combiné, j'aimois mieux un bouc qu'un oiseau.

Cependant, malgré tant de beautés, si propres à me séduire, je soupirois après ma caverne. L'habitude fait tout ; au milieu de l'abondance & des agréments je me croyois dans une terre étrangere, & je sentois au fonds de mon cœur, un mouvement secret qui m'entraînoit vers mon rocher. Arrivé au bout de ma course, j'y plantai une colonne, comme Hercule en avoit jadis planté une au bout de la sienne; mon dessein étoit de prendre la premiere fois une autre route, & d'achever ainsi le tour de mon univers, en revenant joindre l'endroit où je m'étois arrêté.

Afin de rendre ma marche plus utile, & d'augmenter d'autant le nombre de mes découvertes, je voulus prendre pour m'en retourner, un chemin différent que celui par lequel j'étois venu. J'imaginois qu'en jetant la vue çà & là, je ne pourrois pas manquer d'appercevoir mon ancienne demeure; mais je me trompois bien lourdement dans mon calcul. Après avoir marché pendant plusieurs jours, je me trouvai environné tout-à-coup & de toutes parts, de collines qui me bouchoient absolument la vue. Il faisoit d'ailleurs un temps si sombre & si noir, que je ne pouvois distinguer les objets qu'avec peine ; en sorte qu'après bien des tentatives superflues, je fus obligé d'aller rejoindre humblement ma colonne, pour partir d'un point connu, & de-là m'en retourner droit chez moi.

J'oubliois de dire que mon chien surprit un chevreau dans cette caravane ; j'accourus d'abord & je fus assez heureux pour le lui arracher à temps & le prendre en vie. Cette capture me fut d'autant plus agréable, que je songeois depuis long-temps par quels moyens je pourrois m'approprier un couple de ces animaux ; afin d'en élever un troupeau sous ma main, & de pourvoir ainsi à ma subsistance, quand mon plomb seroit épuisé, & que par conséquent la chasse me seroit interdite. Je fis donc un collier à celui-ci, & je le conduisis, bon gré, malgré, jusqu'à ma métairie ; ce n'étoit pas trop là son avis, mais nous étions deux, & j'étois le plus fort.

On ne sauroit croire avec quelle satisfaction je revis mon ancien foyer, & de quel plaisir je jouissois, en me reposant dans mon lit. Le voyage que je venois de terminer, sans avoir tenu de route certaine pendant le jour, & sans avoir eu de retraite assurée pendant la nuit, m'avoit tellement lassé sur la fin, qu'à mon retour, ma vieille maison me parut un palais magnifique, où je n'avois rien à désirer. J'étois enchanté de tout ce qui m'environnoit ; & ravi de respirer chez moi, à mon aise, je me promis bien de ne jamais perdre mon rivage de vue pour un temps si considérable. Il y avoit un mois environ que j'étois dehors.

CHAPITRE XXI.

Robinson est de retour dans sa Caverne.

JE ne sortis point de huit jours entiers ; premierement pour le plaisir de ne point fortir, & enfuite pour me repofer un peu de mes fatigues. J'avois un perroquet qui commençoit à être de la famille, & dont les gentilleffes m'amufoient infiniment ; j'employai mes huit jours de repos à lui conftruire une cage.

Quand cet ouvrage fut achevé, je me hâtai d'aller rendre vifite à mon chevreau. La faim qu'il avoit foufferte l'avoit mis à la raifon, & je le trouvai fort docile & fort traitable. Pour l'indemnifer de la diete à laquelle il avoit été condamné, je le régalai, foit dit fans reproche, avec une efpece de prodigalité. Son repas fini, je l'attachai pour la feconde fois, & il me fuivit fans la moindre réfiftance. Il y a plus ; en reconnoiffance apparemment des foins que je prenois chaque jour de fon bien-être & de fa nourriture, il devint en peu de temps fi privé, fi careffant, fi familier, que je renonçai dans la fuite à m'affurer de fa perfonne ; il couroit après moi de lui-même, il étoit par-tout fur mes pas, & il fut aggrégé au nombre de mes autres domeftiques.

Infenfiblement la belle faifon s'étoit écoulée, & les pluies étoient furvenues. Je me voyois réduit à épier un moment de foleil tous les matins, pour aller à la chaffe ; le foir, il n'y avoit pas moyen de mettre le pied dehors, & je m'occupois dans l'intérieur de ma caverne, où tout mon travail, jusqu'au temps de ma récolte à peu près, ne confifta qu'en quelques planches dont j'avois encore befoin. Je crois avoir déja détaillé la maniere dont j'étois obligé de m'y prendre, faute des outils néceffaires.

Comme j'approchois du temps de ma moiffon, je difpofois tout d'avance pour la commencer de bonne heure ; mais en faifant un matin le tour de mon champ, je m'apperçus tout-à-coup que j'étois en danger de me voir fruftré de mes efpérances ; des ennemis de plufieurs efpeces, & dont il m'étoit prefque impoffible de me défendre, menaçoient d'enlever tout le fruit de mes travaux.

Les premieres hoftilités furent commifes par les boucs, & par les autres animaux auxquels j'ai donné plus haut le nom de lievres. Dès qu'ils eurent une fois goûté la faveur du bled en herbe, ils y demeuroient campés nuit & jour, & le mangeoint fi près de la terre, à mefure qu'il en fortoit, qu'il n'avoit point, & quil ne pouvoit avoir le temps de fe former en épics.

Après avoir long-temps réfléchi fur cet inconvénient, je ne vis qu'un remede capable d'y obvier ; c'étoit de planter une haie & de la faire régner tout autour de mon champ. Mais il falloit me hâter, car le danger étoit preſſant. Par bonheur, ma terre labourée n'étant pas d'une fort grande étendue, &, grace à ma promptitude & à mon zele, elle fut cloſe & hors d'inſulte, au bout de trois ſemaines environ. Cependant, pour mieux donner la chaſſe à mes maraudeurs, j'en tirois quelques-uns pendant le jour, & la nuit je leur oppoſois mon chien que j'attachois tous les ſoirs à un poteau placé juſtement à l'entrée de mon champ, & d'où il s'élançoit çà & là, leur aboyant continuellement de toutes ſes forces. Moyennant ces précautions, mes ennemis furent obligés d'abandonner la place, & bientôt je vis mon bled croître, proſpérer & meurir ſans obſtacle.

Mais comme il eſt écrit que l'eſpoir de l'homme le mieux fondé, doit toujours être accompagné d'inquiétudes & d'allarmes, ma maiſon courut quelque temps après, un autre hazard. Elle étoit ſi exactement entourée, que les boucs n'y pouvoient plus pénétrer; mais auſſi-tôt qu'elle ſe couronna d'épics, les oiſeaux, que ma haie n'arrêtoit pas, fondirent deſſus. J'en découvris un jour un eſſaim, qui ſe tenant à l'affut derriere des buiſſons, attendoient pour faire leur coup, le moment où je ſerois parti. Comme je ne marchois jamais sans mon fusil, je fis sur eux une décharge vigoureuse : mais à peine j'eus tiré, que j'en vis fuir & s'élever une troupe innombrable que je n'avois point remarqués, & qui s'étoient tenus cachés au fonds de mon bled.

Ce spectacle me fit frissonner. Il me préságeoit la dissipation de mes plus cheres espérances, la perte totale de ma récolte, & la disette à laquelle j'allois être réduit sans retour. Ce qu'il y avoit de plus douloureux, c'est qu'en prévoyant ce malheur, je ne voyois aucun moyen de le prévenir. Je résolus toutefois de ne rien oublier pour sauver mon grain du pillage; & si je n'eusse eu d'autre remede que celui de faire moi-même sentinelle nuit & jour, je crois que je m'y serois déterminé, plutôt qu'à me voir ainsi frustré d'un espoir si légitime.

Avant tout cependant, je fis une descente sur les lieux, afin d'y être témoin du dommage que j'avois souffert. Ces cruelles harpies m'avoient à la vérité, fait du dégât, mais beaucoup moins que je ne m'y étois attendu; la verdeur des épics avoit mis un obstacle à leur avidité ; & tout mûrement examiné, je trouvai que leur reste, si je pouvois l'amener à bien, me promettoit encore une abondante & copieuse moisson.

Je demeurai-là quelques moments pour recharger mon fusil; me retirant ensuite un peu à l'écart, je revis mes voleurs postés en embuscade sur tous les arbres d'alentour. Je les observai; ils épioient le moment de mon depart pour faire leur irruption. Je feignis donc de m'en aller tout-à-fait, & ils ne m'eurent pas plutôt perdu de vue, qu'ils retournerent tous à tire d'aile, à la charge. Je fus si irrité de leur audace, que je n'eus pas la patience d'attendre qu'ils fussent tous réunis. Il me sembloit qu'ils rongeoient mes propres entrailles; & chaque grain que je leur voyois avaler, me coûtoit au moins la valeur d'un pain entier. Je m'approchai de ma haie, je tirai sur eux un second coup, & j'en tuai trois; je n'avois jamais désiré si ardemment de tirer juste. Je ramassai aussi-tôt mes trois cadavres; & pour rendre leur punition plus exemplaire, je les traitai sur le champ, comme on traite les voleurs condamnés à demeurer attachés au gibet après leur exécution. Cette sévérité produisit un effet merveilleux; non-seulement mes grains furent respectés, mais tout le canton même fut purgé, tant que dura l'épouvantail; & je fis ma récolte tout à mon aise, sur la fin du mois de Décembre.

Quand la saison de couper mon bled fut

venue, je me trouvai dans un autre embarras. Une faucille alors m'eût été un meuble fort nécessaire; mais où l'aurois-je prise ? Je tâchai d'y suppléer avec un vieux sabre que j'avois heureusement sauvé du Vaisseau; & lorsque mes épies furent à terre, je les égrenai tous, les uns après les autres, entre mes mains.

Le labourage devenoit pour moi un point essentiel; je travaillai à m'y perfectionner. Mais les difficultés qui m'arrêterent à chaque pas dans ce projet, me firent faire une observation que je n'avois point faite encore, & que bien de gens ne font jamais; la voici : il est inconcevable combien de choses différentes sont nécessaires pour produire dans sa perfection, ce qu'on appelle un morceau de pain.

D'abord, il me falloit une charrue pour labourer ma terre, ou une bêche pour la fossoyer; je n'avois ni l'un ni l'autre. Je les remplaçai; mais il étoit aisé de voir à mon ouvrage, que je n'avois pas un outil commode; d'ailleurs, la mauvaise pelle de bois que je m'étois fabriquée, & que je n'avois pas été à même de garnir de fer par le bout, s'en usa beaucoup plus vîte, comme il n'est pas difficile de le croire; & outre qu'elle fit très-mal ma besogne, elle la fit encore très-longuement. Quand mon bled étoit semé, j'aurois eu besoin d'une herse ; c'étoit une grosse branche d'arbre qui m'en tenoit lieu. Je la traînois derriere moi avec assez de peine, gratant plutôt que je ne hersois. Dès que mon bled étoit en herbe, il me falloit l'entourer d'une haie, pour en fermer l'entrée aux boucs. Quand il étoit en épics, il me falloit donner la chasse aux oiseaux, pour les en écarter. Quand il étoit meur, il me falloit le couper, le secher, le voiturer, le battre, le vanner, le serrer. Il me falloit ensuite un moulin, un tamis, un levain, du sel, & un four.

Voilà bien des instruments d'un côté, & de l'autre bien des ouvrages divers. Je m'armai de patience, &, à peu de chose près, je fis & j'eus avec le temps, tout ce dont j'avois besoin.

CHAPITRE XXII.

Robinson fait des Vases de terre.

LES pluies revinrent ; c'étoit, comme je l'ai déja dit, le temps où je m'occupois chez moi. Mon perroquet me tenoit alors compagnie ; & tout en travaillant je lui apprenois à parler. Mon nom & le sien furent en même-temps & les deux mots qu'il savoit le mieux répéter, & les premiers qui me furent prononcés dans mon Isle, par une autre bouche que la mienne. Jusqu'ici personne, je crois, n'a douté sérieusement que l'homme fût né pour la société ; mais si par hazard quelqu'original, ou quelque Philosophe atrabilaire, avoit eu la fantaisie de trouver ses semblables de trop, qu'il se mette pour un moment en ma place, & il sentira qu'un être, quel qu'il soit, pourvu qu'il donne quelque signe de vie, est d'une grande ressource dans un désert. Ceci soit dit en passant.

Il y avoit long-temps que je ne me passois de vases qu'à regret ; mais l'embarras étoit d'en faire. Depuis plusieurs jours je réfléchissois de tout mon pouvoir, sur la maniere dont il falloit me retourner pour en venir à bout, lorsque venant à considérer la chaleur du climat où je vivois, je ne doutai presque plus qu'en trouvant de l'argile, je ne pusse en former un pot qui, bien séché au soleil, seroit assez dur pour être transporté sans risque, & assez fort pour contenir, sans s'éclater, mon bled, ma farine, & mille autres provisions qui demandent à être tenues renfermées.

Après bien des recherches inutiles, car

en tout ce que j'entreprenois, il est à remarquer que je commençois toujours par ne pas réussir ; enfin, je trouvai de l'argile. Mais le Lecteur auroit pitié de moi, ou, ce qui est plus probable, il riroit de bon cœur à mes dépens, si je lui racontois de combien de manieres bisarres je m'y pris pour ne rien faire qui vaille ; l'étrange & difforme figure de mes ouvrages me faisoit rire moi-même. Ils tomboient par morceaux au moindre choc, les uns en dedans, les autres en dehors ; tantôt ils se féloient au soleil, parce qu'il étoit trop chaud ; tantôt ils s'y féloient encore, parce qu'ils y étoient trop précipitamment exposés ; une autre fois, mon argile n'étant point assez forte pour soutenir son propre poids, elle se brisoit dès que je la changeois de place, & avant qu'elle fût seche, & après qu'elle le fut ; en sorte qu'en dépit de toutes les peines que je m'étois données, pour trouver ma matiere, pour l'arracher du sein de la terre, pour l'apprêter, pour la mettre en œuvre, je ne parvins qu'à faire deux vastes & maussades machines qui ne méritoient pas même le nom de *jarres*, & qui me coûterent pourtant deux mois entiers de sueurs & de travail.

Mais si j'avois mal réussi dans la combinaison des grands vases, je fus en revanche assez content de moi dans la compoſition des petits, & grace à ma patience, car je ne ſuis pas aſſez vain pour dire à mon adreſſe, je me vis riche à la longue, en pots, en plats & en terrines. L'argile qui prenoit, à quelque choſe près, ſous ma main, toutes les figures que je voulois, recevoit des rayons bien ménagés du ſoleil, une force & une dureté ſurprenantes.

Cependant toute ma batterie de cuiſine ne répondoit point encore au but principal que je m'étois propoſé ; elle avoit beau s'être augmentée, il me manquoit toujours un vaſe qui pût ſouffrir le feu, & contenir les choſes liquides. J'y revois très-ſérieuſement, quand, au bout de quelque temps, ayant allumé un grand braſier pour apprêter mes viandes, j'apperçus en tiſonnant, un morceau de ma vaiſſelle, qui étoit dur comme une pierre, & rouge comme une tuile. Cette vue me ſurprit agréablement, & je me dis auſſi-tôt à moi-même, que mes pots pourroient bien ſe cuire entiers ſous ma cheminée, puiſqu'il s'en cuiſoit des morceaux ſéparés dans une ſi grande perfection.

Je me mis alors à conſidérer comment il faudroit que je diſpoſaſſe mon feu, pour venir plus ſûrement à bout de mon deſſein. Malheureuſement je n'avois nulle idée
ni

ni du genre de fourneau dont se servent les maîtres de l'art, ni du vernis dont ils enduisent leur vaisselle; j'avois bien du plomb, mais j'ignorois que je pouvois l'employer à cet usage. A tout hazard, je plaçai trois pots sur trois grandes cruches, en forme de pile, avec un gros tas de cendres par-dessus; je fis autour un feu clair dont la flamme enveloppoit si bien mes vases aux côtés & par-dessus, qu'un moment après je les vis tout rouges de part en part, sans qu'il y en eût aucun de fêlé. Je les entretins dans le même degré de chaleur, l'espace de six heures, environ, jusqu'à ce que j'en eusse apperçu un, qui ne se fendoit pas, à la vérité, mais qui commençoit à couler. Le gravier qui se trouva mêlé parmi l'argile, se liquefioit par l'action trop violente du feu; & si je n'y eusse pas donné ordre, il se seroit tourné tout en verre. Pour éviter cette métamorphose, je tempérai mon brasier par degrés, jusqu'à ce que mes vases eussent perdu de leur premiere rougeur.

Cette opération délicate me tint debout & très-attentif toute la nuit; car je n'osois pas lever les yeux de dessus mon ouvrage, dans la crainte que mon feu venant à s'abbattre trop soudainement, je n'en fusse pour les frais de mon entreprise. En ré-

F.

compense je me vis maître, à la pointe du jour, de trois grandes & amples cruches qui étoient bonnes au-moins, si elles n'étoient pas belles ; & de trois autres pots de terre, aussi bien cuits que je le pouvois souhaiter. Il y en avoit un entr'autres auquel le gravier avoit donné un vernis parfait.

Je n'ignore pas qu'en lui-même un pot de terre est un objet d'une fort mince conséquence ; cependant jamais joie ne fut égale à celle que je ressentis, quand je pus me dire que j'en avois créé, pour ainsi dire, un qui seroit propre à l'usage pour lequel je l'avois destiné. Mon impatience ne me permit pas d'attendre qu'ils fussent refroidis, pour les mettre sur le feu avec de l'eau dedans ; ce qui me réussit parfaitement bien ; car un morceau de bouc que j'y avois fait étuver, me rendit mon bouillon excellent. Au-moins le trouvai-je tel, quoique je manquasse de mille autres ingrédients dont il auroit fallu l'assaisonner ; mais j'étois accoutumé à n'être plus si difficile.

Ou je me trompe, ou il n'est pas nécessaire de prévenir le Lecteur sur un point dont sans contredit il ne doute pas, & qui est que la forme de mes vases étoit, si j'ose ainsi parler, très-difforme. On n'en sera point surpris, si l'on veut bien considérer que je n'avois ni aucune espece de secours, ni aucune idée de méthode : je tendois au but en aveugle, me trouvant à peu près dans le cas d'un jeune enfant qui feroit des pâtés à sa guise, avec de la terre grasse, ou d'une femme qui s'érigeroit en pâtissiere, sans en avoir jamais appris le métier. Au reste, je n'avois pas besoin de meubles de parade ; il ne m'en falloit que d'utiles, & ceux-là l'étoient.

CHAPITRE XXIII.

Robinson supplée aux autres meubles dont il a besoin.

APRÈS mes pots, le meuble que je désirois le plus d'avoir, étoit un mortier de pierre où je pusse piler ou battre mon bled. Un moulin sans doute eût mieux valu ; mais un moulin demande tant d'art, qu'il ne m'entra seulement pas dans l'esprit que je pourrois y atteindre. Je n'étois que trop intrigué déja à chercher comment & par où je pourrois y suppléer. En effet, de tous les métiers possibles, le métier de tailleur de pierre, étoit celui pour lequel je me sentois le moins de talent ; &, sans parler de ce petit inconvénient, j'étois encore arrêté par un autre qu'on peut deviner; car d'où aurois-je tiré les outils employés communément à pareil ouvrage ?

Je cherchai néanmoins pendant plusieurs jours, une pierre qui fût assez grosse, & qui eût assez de diametre pour pouvoir être creusée. Mais ce fut envain que je fis, pour ainsi dire, le tour de mon Isle entiere ; je ne rencontrai rien qui pût répondre à mes vues. Peut-être aurois-je pris le parti de détacher quelque morceau de mes rochers; mais, outre qu'il me falloit des instruments pour y réussir, & que je n'en avois pas, la pierre que j'aurois tirée de-là, n'eût pas été d'une dureté convenable ; elle eût cédé aux coups trop pesants du pilon, ou du-moins mon bled n'auroit pu s'y briser, sans qu'il s'y mêlât beaucoup de gravier.

Désespérant donc, après bien des courses, de trouver la pierre que je cherchois, je me remis aux champs de nouveau, pour tâcher d'y rencontrer quelque gros billot, dont le bois eût la résistance & la force requises; mon affaire fut bientôt faite, car j'avois des arbres à foison ; en choisissant le tronc le plus ample que je fusse capable de remuer, après l'avoir arrondi de mon mieux, je le façonnai en dehors avec ma hache & ma doloire. J'y appliquai ensuite le feu ; & cette maniere de le creuser me coûta un travail infini ; je l'avois apprise des Sauvages, qui n'en ont point d'autre pour faire leurs canots.

Cette longue & pénible opération heureusement terminée, je coupai une branche du bois qu'on appelle bois de fer, & je m'en composai un énorme & lourd pilon que je mis à part dans un coin, ainsi que mon mortier, en attendant la saison de broyer mon bled pour le réduire en farine, & m'en faire du pain.

Ces difficultés vaincues, il m'en restoit une autre ; c'étoit de me fabriquer un sas ou tamis, pour préparer ma farine, & la séparer des cosses ou du son, sans quoi je ne voyois pas qu'il me fût possible d'avoir jamais un morceau de pain présentable. L'entreprise étoit si scabreuse, que je n'avois presque pas le courage d'y penser. En effet, j'étois bien éloigné d'avoir aucun des matériaux propres à la construction d'un tamis ; il ne me falloit rien moins qu'un beau canevas, ou quelqu'autre étoffe transparente ; &, comme on peut le croire, les étoffes ni les canevas n'étoient pas fort communs dans mon Isle. Ce fut-là pour moi, si j'ose me servir du terme, un vrai *remora*, qui me tint dans l'inaction, & qui pis est, dans l'incertitude, pendant plusieurs mois. J'avois de la toile, mais ce n'étoient plus que des guénilles dont il étoit impossible de faire aucun usage ; j'avois aussi une provision de poil de bouc ; mais je ne savois ni comment le filer, ni comment le travailler au métier ; & quand même je l'aurois su, ma difficulté générale revenoit toujours, & je n'avois point les instruments nécessaires pour un ouvrage de cette nature.

Tout ce que je pus faire de mieux pour rémédier à ce mal, fut de me rappeller enfin dans la mémoire, que parmi les hardes de nos Mariniers, que j'avois sauvées du Vaisseau, il y avoit quelques cravattes de coton ; j'y courus comme au feu ; & avec les meilleurs morceaux que j'en pus trouver, je m'ajustai trois petits sas, qui, comme le reste de mes productions, n'avoient aucune grace, mais dont j'étois toutefois assez content, & qui me parurent fort bons pour mon travail. Je n'en employai pas même d'autres, pendant plusieurs années ; & si j'y pense, je dirai au Lecteur dans son lieu, ce que je leur substituai, quand la nécessité ou l'occasion se présenterent.

CHAPITRE XXIV.

Robinson se fabrique un Four.

J'Avois triomphé déja de bien d'obstacles, j'avois déja fait un grand nombre de métiers divers ; je n'étois pourtant point encore au bout de mes tentatives; & il me falloit un levain & un four, pour achever de couronner l'œuvre avec honneur. Quant au levain, comme après bien des réflexions, je n'entrevis aucune possibilité de m'en procurer un, je pris le parti de ne m'en plus mettre en peine, & de rejeter même jusqu'à la moindre velléité d'y songer.

Il n'en fut pas de même de l'autre point; un four étoit pour moi un meuble d'une nécessité trop indispensable, pour que je ne rêvasse pas de tout mon pouvoir aux moyens de m'en fabriquer un quelconque. Mais ici mon imagination, épuisée d'inventions & d'efforts, me servit assez mal pendant quelques jours ; à la fin pourtant il me vint une idée que je suivis, & que voici :

Je m'avisai de construire quelques vases de terre fort larges & très-peu profonds ; c'est-à-dire, qu'ils pouvoient avoir au-moins deux pieds de diametre, sur neuf pouces tout au plus de profondeur. Quand je voulois enfourner mon pain, je débutois par faire un grand feu dans mon four, qui étoit pavé de briques quarrées mises à ma maniere : dès que mon bois étoit réduit en cendres, j'en dispersois les charbons en long & en large, afin d'en couvrir l'âtre tout entier ; aussi-tôt que je croyois mon âtre suffisamment échauffé, je le balayois bien proprement, & j'y posois ma pâte, la couvrant avec mes vases de terre autour desquels je rassemblois mes cendres & mes charbons, pour y concentrer, ou même pour en augmenter la chaleur. Avec ces précautions, je cuisois mon pain tout aussi vîte & tout aussi à point que je l'aurois pu faire dans le meilleur four du monde.

Ce n'est pas tout : après avoir réussi une fois ou deux si parfaitement dans la boulangerie, je me donnai les airs de m'ériger en pâtissier ; & dans le fait, je me composai quelques gâteaux de ris qui n'étoient point trop mauvais. Véritablement je n'allois point jusqu'à faire des pâtés ; mais je ne sais si l'embarras de savoir de quoi les remplir ne me rebuta pas autant que la difficulté de l'entreprise même. Je n'aurois gueres pu y mettre au fonds que des tranches de bouc, ou quelques oiseaux; & l'un ni l'autre ne m'auroient fait honneur, qu'autant qu'ils auroient été affaisonnés de mille épiceries dont je n'étois rien moins que pourvu.

On ne refusera pas de m'en croire apparemment sur ma parole, quand je dirai qu'à un mois ou six semaines près, tous les ouvrages dont j'ai parlé, m'occuperent l'espace d'une année entiere. Sans doute j'y aurois employé beaucoup moins de temps, si j'eusse pu n'avoir que les mêmes objets en vue ; mais j'étois seul ; & il me falloit tout faire à la fois.

Il y eut donc des intervalles où je fus obligé de me livrer à toute autre chose; je vaquai aux moissons & à l'agriculture ; je coupai mon bled dans la saison, je le transportai chez moi, du mieux qu'il me fut possible ; & j'en rassemblai les épics dans mes paniers, jusqu'à ce que j'eusse le loisir de les égrener entre mes mains ; car c'étoit toujours-là ma maniere, attendu que je n'avois, comme on sait, ni aire ni fleau pour les battre.

Cependant la quantité de mes grains augmentoit prodigieusement ; & désormais pour les contenir, il me falloit élargir mes granges. Mes semailles avoient été suivies d'un si gros rapport, que ma derniere ré-

F v

colte montoit à vingt boisseaux d'orge, & tout au-moins à autant de ris. Je me voyois donc en état de vivre à discrétion, moi qui depuis si long-temps, c'est-à-dire, depuis le moment où je n'avois plus eu de biscuit, avois été forcé de faire abstinence de pain ! Mais pour ne pas multiplier les travaux sans nécessité, je voulus voir combien je consommois de bled pendant une année, & si une seule semaille ne suffiroit pas à mon ordinaire. Mon calcul achevé, je trouvai que je ne mangeois tout au plus que quarante boisseaux par an, & je résolus en conséquence, de m'en tenir tous les ans, au tau de ma derniere récolte.

CHAPITRE XXV.

Robinson fait une Chaloupe.

IL me souvient d'avoir dit qu'en faisant le tour de mes petits Etats, j'avois entrevu une terre située vis-à-vis de mon Isle ; j'ai remarqué même que je n'avois pas eu alors la moindre envie de m'y rendre ; mais actuellement j'étois bien changé ; & au milieu de mes occupations les plus graves, le désir de m'y transporter me tourmentoit sans cesse. Le pays que j'habitois étoit un Désert. Il falloit un miracle pour m'en tirer. Celui où j'aspirois étoit un continent ; de quelque nature qu'il pût être, je me flattois que de-là, il me seroit possible de passer outre, & qu'enfin j'y trouverois quelque moyen de m'affranchir d'esclavage.

Je n'avois garde de comprendre dans mes raisonnements les dangers auxquels m'exposeroit une entreprise si hazardeuse. Entr'autres il y avoit un péril que j'écartois de mon esprit avec grand soin, c'étoit celui d'être mangé, ou tout au-moins, massacré par les Sauvages. Un accident de cette nature valoit pourtant bien la peine que j'y regardasse à deux fois ; d'autant mieux qu'ayant ouï raconter quelques particularités des Caribes, je connoissois encore assez bien ma position, pour deviner que je ne devois pas être fort éloigné du pays de ces Messieurs. Mais il n'importe : je n'en souhaitois qu'un peu plus ardemment de traverser la mer, pour prendre terre de l'autre côté ; je m'étois persuadé que j'aurois assez de bonheur pour ne point rencontrer d'Antropophages sur ma route, ou pour échapper à leur poursuite, si j'en étois découvert. Hélas, quand l'homme désire, il ne raisonne pas ! il seroit trop heureux, si ses passions lui laissoient son bon sens !

Ce fut dans cette circonstance que je regrettai bien sincerement, & mon pauvre *Xuri*, & le grand Bâteau de mon Turc, sur lequel j'avois navigé onze cens milles environ, le long des côtes de l'Afrique. Mais tous mes regrets n'aboutissant à rien, il me prit tout d'un coup fantaisie d'aller visiter notre chaloupe. Lors de notre naufrage, la tempête, comme je l'ai déja remarqué, l'avoit portée bien avant sur le rivage ; je la retrouvai dans la même situation où je l'avois déja vue, presque sans dessus dessous, & flanquée contre une longue éminence de gros sable, où les flots l'avoient laissée à sec.

Si j'avois eu quelqu'un pour m'aider à la radouber, & à la lancer dans la mer ensuite, je serois venu aisément à bout du reste ; mais j'aurois du prévoir qu'étant seul, il m'auroit été aussi possible de remuer l'Isle, que de retourner ma chaloupe, & de la poser sur sa quille. Quoi qu'il en soit, j'allai couper des leviers & des rouleaux dans le bois, bien résolu de tout mettre en œuvre pour la dégager du sable, & bien persuadé d'ailleurs, que si je réussissois une fois à la placer à mon gré, il ne me seroit pas difficile de réparer les dommages qu'elle avoit soufferts, & d'en faire une maniere de Vaisseau sur lequel je pourrois me mettre en mer sans scrupule.

La vérité du fait, s'il faut le dire, est que je ne m'épargnai aucunement dans ce travail infructueux ; si j'ai bonne mémoire, il ne m'emporta gueres moins que trois ou quatre semaines de temps. Mais enfin, voyant que mes forces ne seroient jamais suffisantes pour relever un si pesant fardeau, je me mis à creuser dessous, plaçant en même temps plusieurs pieces de bois de distance en distance, afin de le ménager tellement dans sa chûte, qu'il pût tomber sur son fonds. Mais j'eus beau redoubler tous mes efforts, bien loin de le lancer à l'eau, je ne fus pas même en état de le dresser, je ne pus pas même me glisser dessous ; en sorte qu'après des fatigues incroyables, je me vis contraint de me désister de mon projet.

Cependant, tandis que les espérances que j'avois fondées sur mon Bâteau, s'évanouissoient, la démangeaison de gagner le continent m'aiguillonnoit de plus en plus ; elle sembloit croître à mesure que la chose devenoit moins possible ; voilà l'homme.

Piqué d'avoir manqué mon coup, je me demandois si sans instruments & sans aide, je ne trouverois pas moyen de me faire avec le tronc d'un arbre, un canot ou une gondole semblable à celles des habitants de ce pays-là. On ne se douteroit pas que je me répondis qu'oui ; rien cependant n'est plus vrai ; l'entreprise même me parut toute simple, & l'idée seule de ce dessein bisarre me plaisoit infiniment. Un autre que moi, sur-tout s'il eût perdu ses efforts auprès de son premier Bâteau, auroit voulu savoir au-moins, avant que de commencer le second, comment il le rémueroit, quand il seroit une fois achevé. Car après tout, à quoi bon choisir dans le bois un arbre d'une grandeur énorme, l'abbattre avec un travail infini, le charpenter, le façonner, lui donner la forme requise en dehors, le brûler ou le tailler, pour le rendre creux & complet en dedans, si faute de pouvoir le lancer, il me falloit le laisser précisément dans l'endroit où je l'aurois abbattu.

Il semble d'abord que cette réflexion étoit la premiere qui me dût naturellement venir à l'esprit ; mais le désir ardent de traverser jusqu'à la terre ferme que j'ambitionnois d'atteindre, captivoit tellement tous mes sens, que je ne me donnai pas le loisir de songer une seule fois aux moyens d'ôter mon canot de l'endroit où il seroit bâti. Cependant il m'auroit été incomparablement plus aisé de lui faire faire quarante-cinq mille fur mer, que les quarante-cinq braſſes qu'il y avoit du lieu où il s'agiſſoit ſur terre, à celui où il auroit pu être à flot.

Je ne le répéterai jamais aſſez ; je fis l'action la plus inſenſée qu'un homme puiſſe faire, quand je me mis à travailler à ce maudit Bâteau : je m'applaudiſſois d'avoir formé un ſi beau deſſein, ſans déterminer ſi j'étois capable ou non, de l'exécuter. Le ſoir ſeulement, quand j'étois un peu fatigué, ou que mon ouvrage ne me paroiſſoit point avancer à mon gré, parmi les difficultés que j'avois à vaincre, celle de le mettre en mer vouloit ſe préſenter ; mais c'étoit une matiere que je n'approfondiſſois pas, & tous mes doutes alloient échouer contre cette réſolution extravagante : — Achevons notre beſogne, me diſois-je, & hâtons-nous, voilà le point ; nous trouverons toujours bien le ſecret de la mouvoir & de la mettre à flot. —

Encore une fois, cette marche n'étoit pas à beaucoup près celle du bon ſens ; mais enfin, mon entêtement avoit pris le deſſus, & je mis la main à l'œuvre.

Je débutai par couper un cedre. Je doute que le Mont Liban en ait jamais fourni de pareil à *Salomon*, quand il bâtit le Temple de *Jéruſalem*. Le diametre de cet arbre étoit par le bas & près du tronc, de cinq pieds dix pouces ; de-là il prenoit quatre pieds onze pouces, sur la longueur de vingt-deux pieds ; ensuite il alloit en diminuant jusqu'au branchage. Il me fallut vingt jours pour l'abbattre, & il m'en fallut trente-cinq pour l'ébrancher. J'y employai haches, bésaignes & tout ce que la charpenterie put me fournir de plus puissant, joint à toute la vigueur dont j'étois capable. Je mis un mois à le façonner & à le raboter avec mesure & proportion, afin d'en faire quelque chose de semblable au dos d'un Bâteau, tellement qu'il pût flotter droit, & sans pancher d'un côté plus que de l'autre. Je fus trois mois à travailler le dedans, & à le creuser au point d'en faire une parfaite chaloupe. Je le creusai même sans y employer le fer, & sans me servir d'aucune autre voie que de celle du marteau, du ciseau, & d'une assiduité au travail, que rien ne put rallentir, jusqu'à ce que je me visse possesseur d'un canot fort beau, qui pouvant porter vingt-six hommes, étoit plus que suffisant pour moi & pour toute ma cargaison.

Quand la derniere main fut mise à mon ouvrage, j'en ressentis une joie extrême, & en l'examinant, je me félicitois de mon adresse. A la vérité c'étoit la plus magnifique gondole que j'eusse vue de mes jours, bâtie d'une seule piece : en revanche, je laisse à compter au Lecteur combien de rudes coups il m'avoit fallu frapper, pour la mettre dans l'état où elle étoit. L'unique chose qui me restoit actuellement à faire, étoit celle que j'avois déja vainement tentée. Si j'y eusse réussi, je ne doute nullement, que je n'eusse entrepris le voyage du monde le plus téméraire & le plus dangereux. Mais heureusement, après m'avoir coûté un travail infini, toutes mes mesures avorterent.

Mon canot n'étoit pourtant éloigné de la mer, que de deux cens verges ; mais le premier inconvénient qui intervenoit, étoit une éminence qu'il falloit abbattre, ou par-dessus laquelle il falloit le faire passer. Comme ce dernier parti étoit trop difficultueux, je pris le premier ; j'allai même jusqu'à réduire la hauteur en pente. Je ne dirai point combien ce projet me coûta de temps & de sueurs : il ne falloit pas que j'eusse en vue un trésor moins précieux que celui de ma liberté, pour me soutenir dans un travail aussi pénible. Mais hélas, lorsque ma montagne fut applanie, je n'en fus pas plus avancé ! Il m'étoit aussi impossible de rémuer ma gondole, qu'il me l'avoit été de rémuer ma chaloupe.

Je mesurai alors la longueur de mon terrein, dans l'intention de creuser un canal, pour faire venir la mer jusqu'à mon canot, puisque je ne pouvois faire aller mon canot jusqu'à la mer. Ce nouvel ouvrage étoit déja commencé; mais venant à calculer la profondeur & la largeur que je devois lui donner, je trouvai qu'en ne perdant pas une minute, il me faudroit bien dix ou douze ans pour l'achever. Ce dernier coup m'assomma : de désespoir j'abandonnai la place, & je rentrai tristement chez moi, réfléchissant, mais un peu tard, sur la folie qu'il y avoit à rien entreprendre, sans avoir auparavant combiné les frais de son entreprise, & sans nous être demandé à nous-mêmes si elle n'étoit point au-dessus de nos forces.

Fin de la premiere Partie.

L'ISLE
DE
ROBINSON CRUSOÉ.

※❦※

SECONDE PARTIE.

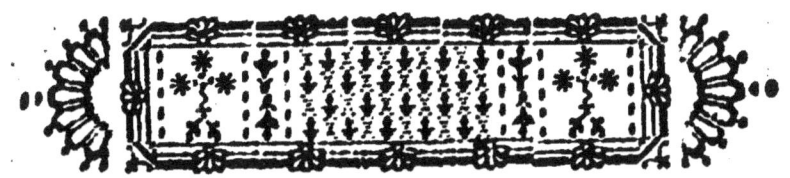

ROBINSON DANS SON ISLE.

SECONDE PARTIE.

CHAPITRE PREMIER.

Robinson remonte sa Garderobe.

MES habits commençoient à dépérir. J'entends par mes habits, trois douzaines de chemises que j'avois heureusement sauvées du naufrage, & qui, malgré tous mes soins à les conserver, étoient devenues si vieilles, que je n'y touchois plus, sans que le morceau me demeurât à la main. Je m'étois bien emparé aussi de quelques gros surtouts ; mais ils étoient si chauds, qu'à les employer tels qu'ils étoient, ils m'auroient immanquablement étouffé. Il est vrai que j'aurois pu ne point m'habiller du tout, sans que personne y trouvât à redire, puisque j'étois seul; mais outre qu'il me répugnoit d'être nu, & que je n'en pus jamais contracter l'habitude, le soleil m'incommodoit encore moins quand j'étois couvert, que quand je ne l'étois pas. Ses rayons même étoient si pénétrants, que pour faire deux pas hors de chez moi, il me falloit ou un chapeau, ou quelque chose qui m'en tînt lieu; autrement, je ne rentrois qu'avec mon pauvre cerveau tout ébranlé.

Tous ces inconvénients mûrement examinés, je vis qu'il ne me restoit d'autre ressource, pour y rémédier, que celle de tirer le meilleur parti possible des haillons qui composoient ma garderobe. Ce n'étoit pas une petite affaire pour moi, que de les ajuster assez bien pour qu'ils pussent m'être utiles dans la situation où je me trouvois; aussi peux-je dire que je conbinai long-temps & à plusieurs reprises, la coupe de mon étoffe, avant que d'oser mettre la main à l'œuvre; le résultat de mon travail fut une espece de robe, bigarrée de mille couleurs différentes, & d'après laquelle pourtant je me crus assez habile pour entreprendre trois vestes & quatre paires de caleçons ; le tout en démembrant toujours les gros surtouts dont j'ai parlé, & quelques autres matériaux de cette nature.

Je m'admirois d'être devenu Tailleur, & de joindre ce nouveau talent à ceux que j'avois acquis déja. Véritablement, ma besogne étoit massacrée d'une façon pitoyable ; & sur un pareil chef-d'œuvre, je n'aurois sans doute été admis tout au plus que dans la classe des Ravaudeurs. Mais comme je n'étois pas difficile, je trouvois tout bien, pourvu que je pusse m'en servir.

J'ai dit, si je ne me trompe, que j'avois eu grand soin de ne perdre aucune des peaux des bêtes à quatre pieds que j'avois tuées. J'aurois pu dire aussi que j'avois eu la précaution de les tenir toutes étendues au soleil ; mais comme les soins que se donnent les ignorants, tournent presque toujours contre eux-mêmes, mes peaux étoient devenues si seches & si dures, que la plûpart se rompirent, au moindre effort que je tentai pour les plier. Il y en eut pourtant quelques-unes que je conservai entieres, grace à l'adresse avec laquelle je les employois, sans les forcer ; j'en fis premierement un grand bonnet dont le poil étoit tourné en dehors, afin que la pluie glissât dessus, & ne le pénétrât pas. Je m'en fabriquai enfuite ce que j'appellois un habit complet ; c'eſt-à-dire, une veſte lâche & des culotes ouvertes ; car mes habits, comme je l'ai remarqué, devoient plutôt me mettre à l'abri du chaud, que du froid. Quand je répéterai ici que mon ouvrage étoit déteſtable, le Lecteur qui le fait déja, n'en ſera gueres plus avancé ; qu'il ne trouve donc pas mauvais que j'obſerve, au lieu de lui faire encore une fois cet humiliant aveu, que tout mal fagoté qu'étoit mon ajuſtement, ni la pluie ni le ſoleil ne pouvoit le percer.

Dès que je fus vêtu, il me vint en penſée d'avoir un paraſol. J'en avois vu faire dans le Brezil, où ils font d'une grande reſſource contre les chaleurs ; & il devoit bien m'être permis d'en déſirer un, à moi qui étois encore plus près du ſoleil, que les Bréziliens. Cet ouvrage me coûta prodigieuſement, & je perdis bien du temps & bien des peines, avant que de rien faire qui pût me garantir du ſoleil & de la pluie ; ma beſogne finiſſoit toujours par être je ne ſais quoi, qui pour la forme, ne reſſembloit à rien du tout, & qui, pour l'uſage, n'étoit propre en aucune maniere, à l'emploi auquel je l'avois deſtinée. J'en fus auſſi pour trois ou quatre eſſais, auxquels je n'eus pas
plutôt

plutôt mis la derniere main, que je m'apperçus que je n'en pourrois jamais tirer aucun parti.

Je ne me décourageai cependant point; au contraire, profitant des fautes que j'avois commises, & m'obstinant toujours à recommencer, pour mieux faire à l'avenir, il se trouva enfin que je bâtis une sorte de carcasse, qui avoit assez l'air d'une carcasse de parasol, & que je couvris de peaux, dont je tournai le poil en dehors, attention que j'avois déja eue par rapport à mon bonnet. Jusques-là tout alloit à merveilles ; il y avoit pourtant encore une petite difficulté à vaincre ; mon parasol étoit admirable dans tous ses autres points, mais il m'étoit impossible de le plier, en sorte que j'étois obligé de le porter toujours tendu sur ma tête, ce qui me causoit un très-grand embarras. Je n'ose dire ici combien je passai de jours & de nuits, rêvant inutilement aux moyens de remédier à cet inconvénient. J'y remédiai à la fin, car on vient à bout de tout avec de la patience. Triomphant alors & bravant les saisons, je marchois sans rien craindre, défiant également le soleil & la pluie. Quand je n'avois à me garantir ni de l'un ni de l'autre, plus fier encore de mon nouveau succès, je reploiois orgueilleusement mon

G

parasol, & je le portois sous mon bras.

CHAPITRE II.
Robinson visite son Isle par mer.

MA chaloupe étoit toujours demeurée dans l'endroit où je l'avois faite ; elle sembloit être-là pour m'avertir, toutes les fois que je passois auprès d'elle, qu'il ne falloit jamais rien entreprendre, sans être sûr auparavant de pouvoir mettre à fin son entreprise. Je profitai de la leçon. Ma fureur de voyager s'étoit réveillée ; dès que mon orge, mes ris & mes raisins étoient cueillis & serrés, j'employois tout le temps que je ne donnois point à la chasse, à me fabriquer un nouveau canot, qui m'occupa deux ans entiers. On se doute bien, sans que je le dise, que je fus assez sage, pour le faire moins gros, & plus à portée de la mer que le premier ; mais on ne sait pas qu'en tâchant d'éviter un défaut, comme un sot, je tombai dans un autre.

Mon dessein, le Lecteur s'en souvient peut-être, n'alloit à rien moins qu'à risquer un voyage en terre ferme. Ce voyage auroit été de quarante mille, environ ;

mon malheureux canot se trouva de beaucoup trop petit pour une course si longue; & je fus réduit à me rabatre sur le désir que j'avois eu auparavant de faire le tour de mon Isle par mer, comme je l'avois déja fait par terre. Les découvertes qui m'avoient alors payé de mes peines, m'engageoient à bien espérer de celles que j'allois me donner encore, & comme on se prend à tout, quand on ne peut rien de mieux, cette espérance me consola un peu de l'impossibilité où je me trouvois d'exécuter mon premier projet.

Je pris cette fois toutes les précautions que je crus nécessaires pour assurer le succès de mon entreprise. J'équipai mon canot le mieux qu'il me fut possible ; j'y ajustai une espece de mat, au haut duquel j'attachai tant bien que mal, une voile un peu rapetassée, mais d'ailleurs fort bonne. Je fis des layettes dans les deux extrêmités de mon Bâtiment, afin d'y préserver mes provisions contre la pluie, & contre l'eau de la mer ; je pratiquai même pour mes armes, un trou que je couvris assez bien, pour qu'il se conservât toujours sec.

Toutes mes mesures bien prises, & après m'être assuré par plusieurs promenades que j'avois faites, sans m'écarter de ma petite baye, que je pouvois, sans

G ij

un grand danger, risquer un voyage plus considérable, je me résolus à prendre tout de bon mon essor. En conséquence, je plantai mon parasol à la poupe de mon canot, afin de m'y mettre à l'ombre ; je l'avitaillai ensuite, c'est-à-dire, que j'y portai une douzaine de pains d'orge, un pot de terre plein de ris sec, dont j'usois beaucoup, une petite bouteille de *rum*, la moitié d'une chevre, de la poudre & de la dragée pour en tuer d'autres ; enfin, deux gros surtouts, l'un pour me coucher dessus, & l'autre pour me couvrir pendant la nuit.

Je comptois en m'embarquant, combien mon voyage me retiendroit de jours à peu près ; mais il fut un peu plus long que je ne m'y étois attendu. Mon Isle en elle-même n'étoit pas fort large, & le tour en eût été bientôt fait, si je n'avois eu que le tour à en faire ; mais elle avoit un grand rebord de rochers qui s'étendoient deux lieues avant dans la mer, & dont les uns s'élevoient au-dessus de l'eau, & les autres étoient cachés dessous ; au bout de ces rochers, il y avoit encore un grand fonds de sable sec qui étoit d'une demi-lieue d'étendue, en sorte qu'il falloit m'écarter de deux lieues & demie, pour en doubler la pointe.

Ce coup d'œil désagréable ralentit un peu ma curiosité ; comment risquer un chemin si long ? Et si je me hazardois à le faire, comment revenir sur mes pas ? Je revirai donc mon canot, & je le mis à l'ancre, car j'en avois fait une d'une piece rompue d'un grappin. Monté ensuite sur une éminence, mon parasol d'une main, & mon fusil de l'autre, j'examinai attentivement le trajet que j'avois à tenter, & comparant l'étendue des rochers & celle du banc de sable, avec la grandeur de mon canot, & mon adresse à le conduire, je me demandai quel parti je devois prendre. Le plus sûr eût été de m'en retourner chez moi, mais l'espérance de quelque nouvelle découverte donnoit un furieux poids aux raisons contraires ; & après avoir long-temps bataillé contre moi-même, je terminai toutes mes observations par me dire que je pouvois continuer ma route.

Les vents ne m'étoient point favorables ; je restai deux jours sur ma colline à attendre qu'ils fussent changés ; le troisieme jour ils étoient tels que je les pouvois désirer, & je mis à la voile. Je ne tardai pas à atteindre la pointe que je devois doubler ; mais à peine j'y fus parvenu, que je me trouvai dans une mer très-profonde, & à la merci d'un courant si rapide, qu'il m'emporta tout-à-coup, malgré tous mes efforts à me retenir au rivage, dont je n'étois pourtant éloigné que de la longueur de mon canot. Le calme qui régnoit alors ne me laissoit rien espérer des vents ; & toute ma manœuvre me devenant inutile, je me crus perdu irrévocablement. Je ne craignois point d'être noyé, la mer étoit tranquille, & mon canot ne voguoit que trop bien. Mais je ne prévoyois pas comment je pourrois m'exempter de mourir de faim, toutes mes provisions ne consistant plus que dans un de mes pots de terre plein d'eau fraîche, & dans une unique tortue.

— Qu'un malheureux passe aisément, me disois-je à moi-même, de la condition la plus triste, à une condition plus déplorable encore ! — Mon Isle me paroissoit alors le lieu du monde le plus délicieux, & tous mes désirs se bornoient à y rentrer. — Heureux Désert, m'écriois-je de temps en temps, en y tournant la vue, heureux Désert, je ne te verrai donc plus ! Où suis-je, helas, maintenant, & que vais-je devenir ! Fatale inquiétude, projet ridicule de chercher toujours mon bonheur où je ne suis pas, tu m'as fait quitter mon Isle ! Mille fois, tu m'as fait murmurer contre elle ! Eh, que ne donnerois-je point actuellement pour m'y revoir, fallût-il n'en jamais sortir ! — En effet, tel a toujours été l'homme pour son malheur : il ne sent les avantages d'un état, qu'au moment où il éprouve les incommodités d'un autre ; incapable de jouir, il ne connoit le prix des biens, que par leur privation.

Les infortunés concevront seuls quel étoit mon abbattement & ma consternation ; je courois toujours à ma perte, & je n'entrevoyois aucune espérance raisonnable de salut. Je travaillois pourtant avec beaucoup de vigueur, tâchant, autant qu'il m'étoit possible, de diriger mon canot vers le Nord ; car c'étoit-là le côté du courant où j'avois remarqué une barre. Sur le Midi, je crus sentir une bise qui me souffloit au visage, & qui ranima un peu l'espoir déja mort au fonds de mon cœur. Une demi-heure, ou trois quarts d'heure après, il s'éleva un vent favorable. J'étois alors à une distance prodigieuse de ma chere Isle ; à peine pouvois-je la découvrir, & si le temps eût été chargé, j'avois eu la mal-adresse d'oublier mon compas, & c'en étoit fait de moi !

Je n'eus pas plutôt replacé ma voile, que je m'apperçus, à la clarté de l'eau, qu'il alloit arriver quelqu'altération au courant. Lorsqu'il étoit dans toute sa force, ses eaux étoient sales & bourbeuses; & elles devenoient plus nettes à mesure qu'il diminuoit. J'avançois toujours; un demi-mille plus loin, je rencontrai un brisement de mer causé par quelques rochers; ces rochers, qui partageoient le courant en deux, facilitoient encore les vents qui me poussoient vers mon Isle. Ô vous qui reçutes votre grace dans l'instant même où le fer étoit suspendu sur votre tête, ou vous qu'un bonheur inespéré arracha des mains des brigands qui vous alloient ôter la vie, rappellez-vous quelle joie vous ressentites de votre délivrance, & votre situation vous peindra la mienne!

Il étoit quatre heures du soir environ, & je n'étois plus éloigné que d'une lieue de mon Isle. Je trouvai la pointe des rochers qui avoient causé mon désastre; à l'aide du vent que je continuois d'avoir en poupe, je franchis l'obstacle qu'ils m'opposoient encore, & une heure après je gagnai le rivage.

CHAPITRE III.
Robinson s'entend appeller par son nom.

DÈSQUE je me fus élancé à terre, je me jetai à genoux, & je remerciai le Ciel ; de ma vie je n'avois prié Dieu si dévotement. Lorsque ma priere fut achevée, je me rafraichis du mieux que je pus ; & me donnant à peine le temps de mettre mon canot en sureté dans un petit caveau que j'avois remarqué sous des arbres, je m'endormis épuisé des fatigues de mon voyage & des dangers que j'y avois courus.

A mon réveil, je me trouvai fort embarrassé. Véritablement, j'étois dans mon Isle ; mais à vue de pays, je devois être très-éloigné de chez moi, & je ne savois comment m'y prendre pour transporter mon canot jusques dans la baye qui étoit auprès de ma maison. La voie la plus simple eût été de reprendre la pleine mer ; mais je venois d'y être exposé à un trop grand péril, pour avoir le courage de m'y hazarder de si-tôt. J'aimai mieux prendre plus de peine, & n'avoir rien à craindre. Je côtoyai scrupuleusement la rive, manquant à chaque coup de rame, de la briser contre le bord que je serrois toujours beaucoup trop, & que j'appréhendois toujours de ne jamais serrer assez. Je m'étois persuadé qu'en chemin faisant, je rencontrerois pour mon canot, un endroit commode & où je pourrois le retrouver en cas de besoin ; en effet, après une lieue environ, j'entrevis une petite baye qui me parut ressembler assez à ce que je cherchois. J'y entrai, observant avec un très-grand plaisir, qu'elle alloit toujours en se rétrecissant, jusqu'à un ruisseau qui s'y déchargeoit, & où je mis à l'ancre. Je ne pouvois souhaiter de meilleur havre pour ma Fregate ; & on eût dit qu'il avoit été travaillé exprès pour la contenir.

Il s'agissoit maintenant de reconnoître le pays. A force de m'orienter, je crus voir que je n'étois qu'à une médiocre distance de l'endroit où je m'étois rendu, lorsque j'avois traversé mon Isle. Ainsi laissant toutes mes provisions à bord, & ne prenant avec moi que mon parasol, parce qu'il faisoit chaud, & mon fusil, parce que je ne marchois jamais sans lui, je me mis incontinent en route. Quoique je fusse très-fatigué, il n'y paroissoit presque point à la rapidité de ma course. Sur le soir, j'arrivai à la vieille treille que j'avois faite autrefois; tout y étoit dans le même état, & depuis je l'ai toujours cultivée avec beaucoup de soin; c'étoit, comme je l'ai dit, ma maison de campagne.

Ma treille n'avoit point d'autre porte que la haie dont elle étoit entourée; je sautai par-dessus; & choisissant un endroit où je pusse me coucher à l'ombre, car j'étois d'une lassitude extrême, je m'endormis sur le champ. Lecteurs, qui sans le petit mot d'avis que je vous ai donné à la tête de ce Chapitre, ne vous seriez pas plus attendus que je ne m'attendois moi-même, à l'aventure que je vais vous conter, jugez quelle fut ma surprise, lorsque je m'entendis réveiller par une voix qui m'appellant à diverses fois, par mon nom, me demandoit familierement où j'avois été. *Où avez-vous été, Robinson*, me disoit la voix: *Pauvre Robinson, où avez-vous été ?*

J'avois ramé tout le matin; j'avois marché toute l'après midi, & j'étois tellement fatigué, que je ne m'éveillai pas d'abord entierement: moitié assoupi, moitié éveillé, j'entendois quelques sons confus, & je croyois rêver que quelqu'un m'appelloit. Mais la voix continuant de répéter: *Robinson, Robinson Crusoé*, je l'entendis à la fin distinctement, & je me levai tout épouvanté, & dans la derniere consternation. Il est incroyable combien d'idées affreuses me passerent dans la tête, dans l'espace de temps presque imperceptible qui s'écoula entre le moment où la voix qui me remplissoit de terreur, frappa nettement mon oreille, & le moment où mes yeux furent assez ouverts pour voir d'où elle étoit partie. Mon imagination étoit si effrayée, que j'étois déja tout en sueur. Je revins un peu de mon trouble cependant, en voyant mon perroquet perché sur ma haie, au-dessus de ma tête; c'étoit lui qui m'avoit parlé. Le pauvre animal, ravi sans doute de me revoir, me répétoit innocemment sa leçon. Souvent il étoit venu se reposer sur mon doigt; & approchant son bec de mon visage, il m'avoit dit tout ce qu'il venoit de me redire : mais pendant mon sommeil, j'avois oublié apparemment que mon perroquet savoit parler.

Il y a plus : tout éveillé que j'étois, & tout persuadé que je devois être qu'il étoit le seul animal en état de m'adresser la parole dans mon Isle, j'eus une peine infinie à me remettre totalement de ma peur :
—— Comment est-il venu précisément dans cet endroit, me disois-je, plutôt que de

s'arrêter dans tout autre ? Quel coup du sort lui a fait choisir, pour me dire mon nom, l'instant où en me réveillant en sursaut, sa voix devoit m'effrayer, tandis qu'elle n'eût fait que m'amuser en toute autre circonstance. — Je faisois ces réflexions, j'en faisois mille autres encore ; mais considérant à la fin, qu'elles étoient inutiles, je les bannis de mon esprit, & j'appellai mon perroquet. Il obéit & vint aussi-tôt se placer sur mon épaule, en me répétant, comme s'il eût voulu me témoigner sa joie, ou plutôt comme s'il eût voulu me rassurer : *Robinson, où avez-vous été ? Où avez-vous été, pauvre Robinson ?*

CHAPITRE IV.

Robinson fait des Vases & des Corbeilles.

JE n'avois plus envie de courir sur mer. Outre que mon corps n'auroit pu fournir à une nouvelle fatigue, avant que d'avoir pris du repos, j'étois pressé encore du désir de m'imprimer fortement dans l'esprit toute l'horreur du péril où je venois de m'exposer par ma faute. J'aurois été charmé cependant d'avoir mon canot dans la petite baye qui étoit auprès de ma maison ; mais je ne voyois pas que le transport en fût possible ; l'idée seule de risquer encore le tour de mon Isle par mer, me resserroit le cœur & glaçoit mes veines ; je préférai l'autre extrêmité, qui étoit de me passer de mon canot, & de perdre ainsi, du moins pour mes courses journalieres, le fruit d'un travail de plusieurs mois.

De retour dans mon domaine, & plus retiré que jamais, je ne m'occupai plus que de mes besoins, me perfectionnant tous les jours à vue d'œil, dans les Professions méchaniques que la nécessité de mes affaires m'obligeoit d'embrasser. Je me distinguai entr'autres dans la Charpenterie ; & mon talent pour un metier aussi difficile, étoit d'autant plus marqué, que j'y réussissois sans le secours des outils qui m'auroient été nécessaires, & qui me manquoient presque tous. Je devins encore un excellent Maître Potier ; j'inventai sur-tout en ce genre, une roue qui étoit admirable, & dont je me servois si adroitement que par son moyen je faisois prendre à ma vaisselle, autrefois grossiere & massacrée, la forme & le tour que je voulois lui donner.

Je trouvai même le secret de faire une pipe ; découverte utile, dont ma vanité fut on ne sauroit plus flattée. Jamais, si j'ose le dire, je ne m'enorgueillis tant de mon mérite, que le jour où je fumai pour la premiere fois dans mon Isle. Ma pipe, il est vrai, n'étoit ni délicate, ni brillante; elle étoit tout simplement de la même couleur, & de la même matiere que mes autres ustencilles de terre ; mais en revanche, elle tiroit supérieurement bien la fumée, & elle servoit à mon gré, beaucoup mieux qu'une autre plus belle à mon plaisir. J'avois toujours aimé passionnément à fumer ; mais ne soupçonnant pas que mon Désert dût me produire aucune tige de Tabac, j'avois négligé de prendre avec moi les pipes qui étoient dans le Vaisseau, & que je regardois comme des meubles superflus.

Outre ces talents, j'en acquis de non moins intéressants encore dans la profession de Vannier; & je fis des corbeilles, qui bien qu'assez mal tournées, parce que je n'avois pas le loisir d'y mettre la derniere main, étoient néanmoins assez solides, pour être transportées commodement, & sans risque. J'y serrois plusieurs choses, & je m'en servois encore pour en aller chercher d'autres. Par exemple, lorsque j'avois tué une chevre, je la pendois à un arbre, je l'écorchois, je la decoupois, & j'en apportois chez moi les morceaux dans ma corbeille. Il en étoit de même des tortues; je les éventrois pour en prendre les œufs, & laissant le superflu & l'inutile, je ne choisissois que les morceaux les plus délicats de leur chair. Quant à mon bled, je l'accommodois aussi-tôt qu'il étoit sec, & c'étoient de vastes & profondes corbeilles qui me servoient de grenier. Enfin, je tirois de mon habileté dans la vannerie, tout le parti qu'exigeoit ma situation.

CHAPITRE V.

Robinson se fait une Basse-Cour.

ON peut croire qu'à mesure que je tirois, ma poudre & mon plomb n'augmentoient pas. Je fis la revue de mes sacs; ils étoient si diminués, que la crainte de les voir bientôt vuides, me fit trembler d'avance pour l'avenir. Jusqu'ici mon fusil avoit été en effet mon unique ressource; & de quoi me nourrir désormais sans poudre, ou comment tuer les animaux dont j'avois besoin pour vivre? Il est bien vrai que j'avois pris une chevrette, il y avoit déja huit ans ; je l'avois apprivoisée, dans l'espérance que peut-être, je serois assez heureux pour attraper un bouc ; mais quand j'en eus un, ma chevrette, qui étoit devenue une vieille chevre, ne pouvoit plus remplir mon projet. Je n'eus jamais le courage de la tuer ; l'habitude de vivre ensemble m'avoit attaché à elle, & je la laissai mourir de sa belle mort.

Cependant mes provisions étoient fort racourcies, & le besoin devenoit urgent ; le défaut de poudre, dont j'étois tout à l'heure menacé, étoit encore un nouvel aiguillon ; je songeai donc à me procurer des chevres, par adresse, puisque cette maniere d'en avoir étoit la seule qui me restât. Je désirois fort d'en prendre, qui non seulement fussent en vie, mais qui se trouvassent encore en état de porter, s'il étoit possible ; en conséquence, & pour avoir à choisir dans le grand nombre, je tendis force filets qui ne me servirent de rien, parce qu'ils étoient trop foibles. J'allois très-exactement les visiter chaque jour, & chaque jour ils étoient rompus, & les amorces étoient mangées. J'en aurois bien pu faire de plus forts, mais il y eut toujours un inconvénient qui ne me le permit pas, & qui est, que je n'avois point de fil d'archal.

Enfin, j'essayai d'un autre artifice, & j'imaginai une espece de trebuchet, dont voici la description. D'abord je fis un creux dans l'endroit où mes chevres avoient coutume de venir paître en plus nombreuse compagnie ; lorsque mon creux fut assez profond, je le couvris de claies que je chargeai de terre, sur laquelle je semai ensuite une quantité d'épics de ris & de bled très-raisonnable. On croira peut-être qu'en prenant bien toutes ces précautions, je ne manquai point de réussir. Point du tout : mon grain fut mangé, mes claies furent enfoncées, & mes chevres ne furent point prises. Mon trebuchet ne me rapportant pas plus que mes filets, je me retournai d'une autre maniere ; & une belle nuit, je tendis des trappes. Le lendemain, dès que le jour eut reparu, je courus voir l'effet qu'avoit produit mon invention nouvelle ; mon instrument étoit toujours dans le même état, mais les amorces en avoient été arrachées ; & les maudits animaux qui avoient mangé mon bien, ne m'avoient pas même laissé en payement, un bout d'oreille. J'allois me décourager ; la nécessité me redonna du cœur & de la patience. Je mis de nouveau la main à l'œuvre ; je cherchai le défaut de mes trappes, je l'apperçus, j'y remédiai ; & un matin, en allant y faire un tour à mon ordinaire, j'y trouvai d'un côté, un vieux bouc d'une grandeur monstrueuse, & de l'autre, trois chevreaux tels que je les souhaitois, l'un mâle, & les deux autres, femelles.

Le vieux bouc étoit si farouche, que je ne savois comment m'en saisir. Je voulois l'emmener en vie ; mais n'osant prendre sur moi de m'en approcher, il ne me restoit qu'à le tuer, ce qui ne répondoit point du tout à mon but. J'aimai mieux le dégager & lui rendre sa liberté, dont il profita si bien sur le champ, que je ne crois pas que jamais animal au monde ait pris la fuite avec autant de vîtesse & de frayeur. Comme il étoit dans ma maniere de voir, de ne songer presque toujours qu'après coup, à ce que j'aurois du faire, je ne me rappellai point alors que les animaux les plus sauvages se pouvoient apprivoiser par la faim. En laissant jeûner mon bouc trois ou quatre jours, & en lui apportant de quoi boire & de quoi manger ensuite, je l'aurois rendu aussi docile & aussi souple, que l'étoient devenus mes trois chevreaux.

Je dis qu'ils l'étoient devenus, car c'est une qualité qu'ils n'avoient pas d'abord. Je les avois tirés un par un de leur fosse, & les attachant tous trois à un même cordon, je ne les avois conduits chez moi qu'avec peine; ou, pour mieux dire, je les y avois trainés, & ils avoient eu tant d'humeur, qu'ils s'étoient fait prier tout le long de la route. Il se passa même quelque temps, avant qu'ils voulussent prendre aucune nourriture; leurs entraves leur avoient ôté l'appetit, ou du moins la volonté de le satisfaire; mais enfin, domptés par la nécessité, tentés d'ailleurs par le grain que je leur donnois en abondance, ils ne se souvinrent plus de leur premier état, & mangerent. Alors j'osai me flatter que je pourrois vivre; la diminution de ma poudre cessa de m'inquiéter; & je me promis d'avoir incessamment autour de mon château, un troupeau de boucs à ma disposition.

Pour y réussir plus surement, je crus devoir choisir un espace de terrein, l'environner d'une haie, & renfermer mes chevreaux dans son enceinte, afin qu'ils ne pussent ni m'échapper, ni redevenir sauvages, en se mêlant avec leurs premiers compagnons. Ce projet étoit grand sans doute pour un seul homme; mais son exécution me paroissant d'une nécessité absolue, je me mis aussi-tôt à chercher une piece de terre qui réunît à la fois de l'eau, des pâturages, & assez d'ombres pour que mon bétail pût y être à l'abri des chaleurs excessives du soleil.

Il y a toute apparence que les maîtres de l'art n'applaudiront pas à mon talent pour les ouvrages de cette nature, quand je leur aurai dit qu'après avoir trouvé un lieu tel que je le cherchois, c'est-à-dire, coupé d'une part par deux ou trois filets d'eau, & de l'autre, aboutissant à un grand bois ; ma haie, tout combiné, devoit avoir au moins deux mille de circonférence. Elle ne péchoit point par n'être pas proportionnée à mon enclos ; toutes mes mesures de ce côté-là étoient au contraire on ne peut pas plus justes. Mais quelle folie, lors sur-tout que l'on veut renfermer des chevres, de leur faire une prison si vaste, qu'elles puissent y devenir aussi sauvages, que si elles étoient absolument libres ! On ne resserre des animaux, que pour se procurer la facilité de s'en saisir dans le besoin ; & moi je les logeois si amplement, qu'après les avoir pris une fois, il ne m'eût pas été possible de les reprendre une seconde. Cependant, comme dans chaque essai que je tentai, il ne m'arrivoit jamais d'être sage qu'après avoir fait, ou commencé du moins une sottise, mon ouvrage étoit déja fort avancé, lorsque je réfléchis sur mon extravagance ; dans le même instant, je changeai le plan de mon enclos, & je le réduisis à la grandeur dont j'avois besoin, au risque de l'étendre un peu plus dans la suite, si le nombre de mes boucs l'exigeoit.

Ce projet de réduction me sembla très-prudemment imaginé ; aussi travaillé-je à l'exécuter avec beaucoup d'ardeur. Mes chevreaux paissoient auprès de moi ; je leur avois mis des entraves aux jambes, de peur qu'il ne leur prît fantaisie de s'enfuir. De temps en temps, je leur donnois quelques épics d'orge, ou quelques poignées de ris; ils venoient les prendre dans ma main ; & de cette maniere ils s'accoutumerent si bien à me suivre, qu'après les avoir débarrassés de leurs entraves, lorsque mon enclos fut achevé, ils m'appercevoient à peine, qu'ils accouroient tous aussi-tôt & m'entouroient.

Dans l'espace de dix-huit mois, je me vis riche de douze animaux, tant boucs, que chevreaux & chevres ; & deux ans après, ils s'étoient si fort multipliés, que j'en eus quarante-trois, sans compter ceux que j'avois tués pour mon usage.

CHAPITRE VI.

Robinson fait une Laiterie.

JE l'ai déja dit, & rien n'est plus vrai : l'homme n'invente qu'avec le temps, & le temps même ne lui fait rien inventer que par hazard, & d'après les circonstances dans lesquelles il se trouve, s'il n'est pas d'ailleurs excité par le besoin. Peu content de mon premier enclos, que je trouvois encore trop grand, j'en avois construit cinq autres plus étroits, où j'avois ménagé plusieurs parcs, avec des portes qui communiquoient de l'un dans l'autre. J'ouvrois ces portes, quand j'y voulois faire entrer mes chevres ; & lorsque j'en voulois prendre quelqu'une, je les fermois.

Il y avoit long-temps déja qu'elles étoient apprivoisées, sans que j'eusse songé le moins du monde à profiter de leur lait. Enfin, l'idée m'en vint un matin, & j'en fus si enthousiasmé, que sans balancer, je me mis, le jour même, à faire une Laiterie. On peut juger de la perte que mon ignorance m'avoit fait souffrir, par le produit de mes chevres, qui me rendoient quelquefois huit ou dix pintes de lait par jour.

Dans tout le cours de ma vie, quoique j'eusse vu bien de choses, je n'avois rien vu qui pût me disposer au nouveau métier auquel m'obligeoit le lait que je tirois de mes chevres ; mais la nécessité, qui est une maîtresse excellente & qui étoit toujours la mienne, m'apprit non-seulement à le traire, mais encore à en composer du beurre, que j'employois avec succès dans mes sauces, & des fromages, qui dans la suite, à la fin de chacun de mes repas, firent toujours la principale piece de mon dessert.

Je répéterai ici que mes tentatives dans ce nouveau genre, me réussirent d'abord on ne peut pas plus mal ; je ne gâtois rien moins que tout le lait dont je voulois tirer parti. Mais comme c'étoit toujours là le fort de tout ce que j'entreprenois pour la premiere fois, au lieu de m'effrayer de ma mal-adresse, je repris courageusement patience, & après bien des essais inutiles, je parvins à être content de ma besogne.

CHAPITRE VII.

CHAPITRE VII.

Robinson dine.

Quelques farouches que l'on nous peigne les Stoïciens, il n'y en a pas un qui ne se fût permis de rire, en me voyant à table avec toute ma famille. Seigneur & Roi de mon Isle entiere, maître absolu de tous mes sujets, j'avois leur vie & leur mort en ma puissance. Je pouvois les pendre, si telle étoit ma volonté, les écarteler, les priver de leur liberté, la leur rendre; je pouvois tout en un mot, & il n'y avoit pas un rebelle dans mes États.

Tous les jours je dinois à mon grand couvert, & à la vue de toute ma Cour. Mon perroquet, comme s'il eût été mon favori, m'adressoit quelquefois la parole, mais il avoit seul la permission de parler; mon chien, devenu vieux & un peu chagrin, pour n'avoir pu trouver dans mes États aucun animal de son espece, étoit toujours assis à ma droite; & mes deux chats étoient tranquillement à ma gauche; car je les avois accoutumés à attendre la fin de mon diner pour commencer le leur.

H

Ces deux chats n'étoient pas les mêmes que j'avois apportés du Vaisseau, ils étoient morts; mais l'un d'eux ayant fait des petits avant que de mourir, je conservai deux de ses enfants, & les autres s'enfuirent pour n'être pas tués. Ces animaux se multiplioient avec tant de profusion, qu'ils me devinrent très-incommodes; ils pilloient tout ce qu'ils pouvoient attraper de mes provisions; j'avois beau veiller de près sur leur conduite, j'y étois toujours pris; & je n'eus d'autre parti à prendre, pour tenir mon garde-manger en sureté, que celui de tirer sur quelques-uns, & d'épouvanter par-là tout le reste.

Après mon diner, pour peu que la saison ne me contredît pas, je me promenois; car depuis ma fievre, je ne prenois l'air pour mon plaisir, qu'à bonnes enseignes. Mais quand je sortois, si quelque malheureux jeté dans mon desert par la tempête, m'eût rencontré tout-à-coup au détour d'un buisson, dans l'équipage où j'étois alors, ou il seroit mort de peur, ou il auroit étouffé de rire. Qu'on se forme une idée de ma figure sur le tableau racourci que j'en vais donner.

D'abord, mon chapeau étoit d'une hauteur effroyable, & sans aucune espece de forme; il étoit fait de peaux de chevres.

J'y avois attaché par derriere la moitié d'une peau de bouc qui me defcendant jufques fur les épaules, me garantiffoit tout le cou des chaleurs du foleil, & empêchoit la pluie de pénétrer fous mes habits.

J'avois une efpece de robe courte, de même étoffe que mon chapeau; elle me couvroit tout le corps jufqu'au genou. Mes culotes étoient ouvertes; elles étoient compofées de la peau d'un vieux bouc dont le poil étoit fi long, qu'il me venoit jufqu'au milieu de la jambe. Du refte, quoique je n'euffe ni bas, ni fouliers, je m'étois pourtant appliqué fur la peau une paire de je ne fais quoi, qui ne reffembloit point trop mal à des bottines; je leur en avois même donné le nom, & je les attachois comme on fait des guêtres.

Mon ceinturon étoit de la même étoffe, & du même faifeur que tout le refte; au lieu d'une épée & d'un fabre, armes défenfives dont je n'avois aucun befoin, c'étoit une fcie d'un côté, & de l'autre une hache qui y étoient attachées. J'en avois encore un autre, mais qui n'étoit pas de l'énorme largeur du premier; il me defcendoit en bandoliere, du cou fous le bras gauche; & à l'extrêmité pendoient deux poches, l'une deftinée pour ma poudre, & l'autre pour ma dragée. Sur mon dos, je portois une corbeille; sur mes épaules; un fusil; & sur ma tête, un parasol, qui tout grossierement travaillé que je l'ai dépeint, n'en étoit pas moins, après mon fusil, mon meuble le plus agréable & le plus nécessaire.

Quant à mon visage, il n'étoit pas aussi brûlé, ni aussi noir qu'on le pourroit croire d'un homme qui n'en prenant aucun soin, n'étoit encore éloigné de la ligne équinoxiale que de huit à neuf degrés. Si j'eusse fait une toilette, ma figure auroit presque été une figure humaine; & dans le fonds elle n'étoit devenue un épouvantail, que parce que je portois toujours des moustaches monstrueuses, le tout pour mon plaisir, car j'avois une provision de rasoirs avec lesquels je coupois ordinairement le reste de ma barbe; mais il me plaisoit d'avoir des moustaches, & j'en avois; il n'y avoit-là personne pour me contredire.

CHAPITRE VIII.

Robinson va revoir son Canot.

IL me fâchoit très-fort de voir mon canot inutile, & de n'oser plus en faire aucun usage; j'allai faire un tour de ce côté-là, pour me procurer au-moins le plaisir de sa vue; je m'avançai même jusqu'à la pointe que j'avois si témérairement doublée, ou pour mieux dire, que j'avois voulu doubler. Mais quelle fut ma surprise en retrouvant calme & tranquille le même endroit de la mer où j'avois rencontré le maudit courant qui m'avoit emporté si loin. Je montai sur la colline, & je résolus de rester quelque temps aux environs pour tâcher d'en pénétrer la cause. Ma curiosité fut bientôt satisfaite; car dès le soir même, je vis le courant s'annoncer par degrés, & bientôt reparoître dans toute sa force; d'où je conclus qu'il n'avoit lieu que pendant la marée, & que dans tout autre temps, je pouvois naviger à mon aise, & sans aucun risque.

Quand je me fus bien persuadé de cette vérité, je m'excitai à aller reprendre ma Fregate, & à la ramener auprès de chez moi par la même route que j'avois tenue la premiere fois. Dans le fait, en remarquant attentivement le temps du flux & du reflux de la marée, rien n'eût été moins difficile & plus simple, que d'exécuter ce dessein ; mais quand je voulus m'y déterminer, les dangers auxquels je m'étois vu exposé, se retracerent alors si vivement à mon esprit, & me causerent une frayeur si violente, que je pris la résolution plus laborieuse de me fabriquer un autre canot, plutôt que de me risquer encore sur le premier.

J'étois possesseur de deux plantations, si pourtant ce qu'il me plait d'appeller de ce nom, le mérite ; en tout cas elles valoient bien selon moi, la peine que je me conservasse pour elles. L'une étoit ma tente, ou si on l'aime mieux, ma forteresse, entourée de sa palissade & creusée dans le roc. Je m'y étois habilement ménagé plusieurs chambres; dans la plus vaste & la moins humide de toutes, étoient, outre les grands vases de terre dont j'ai fait la description, quatorze ou quinze corbeilles, dont chacune contenoit cinq ou six boisseaux environ ; ces corbeilles étoient, comme on sait, mes greniers ; j'y mettois toutes mes provisions, & sur-tout mes grains, les uns encore dans leurs épics, & les autres tous nus.

Les pieux de ma palissade étoient devenus de très-grands arbres; l'ombre qu'ils répandoient aux environs étoit même si épaisse, qu'à moins d'avoir la Carte du lieu, il étoit impossible de douter qu'ils renfermassent dans leur centre aucune, espece d'habitation.

Tout auprès, mais dans un lieu moins élevé, j'avois comme une petite terre, où je semois mes grains. J'apportois à la cultiver toute l'exactitude & tous les soins dont je pouvois être capable; & tous les ans en récompense, elle me fournissoit une récolte abondante.

Outre cette possession située au bord de la mer, j'en avois encore une autre assez considérable, enfoncée plus avant dans l'Isle, & que j'appellois, comme on peut s'en ressouvenir, ma maison de campagne. Je m'y étois arrangé un petit berceau que j'émondois assez souvent pour qu'il eût toujours un air très-propre. Les arbres dont il étoit entouré, & qui n'avoient été au commencement que des pieux coupés au hazard, étoient devenus hauts & fermes; je les cultivois, de maniere qu'ils pussent s'épaissir, étendre leurs branches, & me procurer un ombrage agréable. Au milieu de ce circuit étoit placée ma tente, composée sans plus d'apprêts, d'une simple voile étendue sur des perches. Sous ce toit martial étoit dressé un lit de repos; c'étoit une couche dont je n'étois redevable qu'à la peau des bêtes que j'avois tuées, & dont un épais & gros surtout, ainsi qu'une couverture que j'avois sauvée du naufrage, composoient tout l'ornement. Voilà en deux mots, quelle étoit la maison de campagne où je me retirois, lorsque mes affaires ne me retenoient point dans ma capitale.

A côté & tout aux environs de mon berceau, étoient les pâturages de mes chevres. Comme j'avois pris des peines inconcevables à les partager en divers enclos, j'étois aussi fort soigneux d'en entretenir les haies ; je portai même là-dessus le scrupule jusqu'à planter tout autour un très-grand nombre de petits pieux fort serrés : on ne pouvoit que difficilement passer les mains au travers, & quand ils eurent une fois pris racine, ce qui arriva peu de temps après, ils rendirent mes haies aussi fortes, & plus fortes même, que les meilleures murailles.

Tant & de si rudes travaux en toute sorte de genres, font preuve de mon industrie, & témoignent assez que je n'oubliois rien de tout ce que je pouvois employer de force & d'adresse, pour me procurer de quoi vivre avec aisance. Mes vignes étoient aussi dans ces quartiers ; j'en tirois les provisions de raisins pour tout mon hyver. Je les ménageois avec toute la précaution possible, & ce n'étoit pas sans raison ; car outre qu'ils étoient mes mets les plus délicieux, il est à remarquer qu'en même temps qu'ils me servoient de nourriture, ils me tenoient lieu encore, & de rafraichissement quand j'étois trop échauffé, & de médecine même, lorsque ma santé se dérangeoit.

CHAPITRE IX.

Robinson voit la marque d'un pied.

MALGRÉ le projet que j'avois conçu de me faire un nouveau canot, je ne laissois pas que d'être toujours fort attaché à l'ancien. Il étoit fini, & qui mieux est, fini de ma main ; c'étoit un grand attrait pour moi. Quelqu'éloigné qu'il fût de ma demeure ordinaire, j'allois le visiter souvent ; je me promenois dedans sur la mer, ou, pour m'en expliquer plus sincérement, sur les bords de la mer; car depuis ma triste aventure, j'avois toujours peur qu'en m'avançant un peu trop, quelque courant ou quelqu'autre hazard ne m'emportât encore une fois loin de mon Isle : mais insensiblement me voilà arrivé à l'époque qui changea toutes mes idées, & qui me fit mener une vie toute différente de celle dont j'ai entretenu le Lecteur jusqu'ici.

Il est bien vrai qu'il ne faut désespérer de rien dans la vie ; l'instant où nous songeons le moins aux objets, est celui où leur présence revient frapper notre vûe. J'étois accoutumé à vivre seul, je ne pensois plus aux hommes, & j'avois comme oublié qu'il en existât; un jour, en m'acheminant vers ma maison de campagne, où j'avois dessein de passer la nuit, afin d'être plus frais le lendemain & plus en état de suffire à une certaine promenade que je m'étois proposée sur mer, je vis très-distinctement en route les marques d'un pied nu d'homme sur le sable. Je ne me rappelle aucune circonstance de ma vie solitaire, où j'aye éprouvé une aussi grande frayeur ; pas même celle où en pénétrant pour la premiere fois, dans une grotte dont je parlerai, j'y découvris les deux yeux d'une chevre que j'y enterrai le jour d'après. Je m'arrêtai tout court, & aussi immobile que si j'eusse été frappé de la foudre, je prêtai l'oreille, je regardai tout autour de moi; je ne vis rien; je n'entendis rien; je montai sur une petite éminence, pour mieux étendre ma vue; j'en descendis, j'allai au rivage, & je n'apperçus rien. Je voulois retourner à mon pied, & je n'en avois pas le courage; il me sembloit, quoique l'indice fatal fût au milieu d'une plaine, que c'étoit là que le danger m'attendoit. Je fis cependant un effort, & j'y courus, dans l'espérance que ma crainte n'étoit peut être qu'une imagination mal fondée; mais je revis toutes les marques que j'avois déja vues, des orteils, des doigts, un talon, enfin tout ce qui peut prouver un pied d'homme. Je ne savois que conjecturer; il me vint dans l'esprit une foule de pensées effrayantes, & je m'en suis vers ma fortification, tout troublé & regardant derriere moi à chaque pas. Je prenois pour autant d'hommes armés, tous les buissons que je retrouvois, peut-être pour la millieme fois, sur ma route.

Il n'est pas possible de décrire les figures différentes que l'imagination blessée prête aux objets; je ne me vanterois pas du-moins de rendre toutes les pensées bizarres, & toutes les idées folles qui me paſſerent par la tête, tandis que je m'enfuyois à ma fortereſſe. Je n'y fus pas plutôt arrivé, que je m'y jetai halétant & ne reſpirant qu'avec effort, comme un homme que l'on pourſuit. Depuis, j'ai voulu me rappeller en vain ſi j'y entrai par le moyen de mon échelle, ou par le trou que je m'étois pratiqué dans le roc; j'étois trop effrayé, pour en garder le ſouvenir.

Je ne pus dormir de toute la nuit; pour appeller le ſommeil, je tâchai de raiſonner de ſang froid, ſur l'objet qui cauſoit ma crainte, & en dépit du phlegme que j'y voulois mettre, mes raiſonnements augmentoient ma crainte encore : —— D'où ce pied peut-il venir, me demandois-je en tremblant, à moi-même? —— Cette queſtion me troubloit l'eſprit, au point que j'imaginois quelquefois avoir vu le pied du Diable; & voici la raiſon que je m'en donnois : —— Comment un homme ſeroit-il abordé dans mon Iſle? Où eſt le Vaiſſeau qui l'auroit amené? —— Mais reprenois-je à l'inſtant : —— Quelle apparence que le Diable vienne ici ſe revêtir d'une figure humaine? Quel pourroit être ſon but? A quel propos laiſſer une marque de ſon pied? Et par où étoit-il ſûr que je la rencontrerois ? S'il eût voulu m'effrayer, rusé comme on nous le dépeint, n'auroit-il pas imaginé mille autres moyens beaucoup mieux combinés, que celui de hazarder des vestiges si équivoques, dans un lieu où il étoit possible après tout, que mes fantaisies ne me conduisissent jamais, & qui d'ailleurs, pour être trop sablonneux, n'étoit nullement propre à conserver long-temps les traces qui y étoient imprimées ? —

Toutes ces preuves étoient plus que suffisantes pour détourner mon esprit de la crainte ridicule du Diable ; mais en même temps elles me donnoient lieu de conclure que j'avois à redouter des êtres plus dangereux. Aussi me persuadois-je quelquefois que mon pied étoit celui de quelqu'un des Sauvages du Continent, qui ayant mis en mer avec leurs canots, avoient été portés dans mon Isle, ou par les vents contraires, ou par les courants. — Fasse le Ciel, me disois-je alors tout épouvanté, qu'ils n'ayent jamais plus d'envie de rester sur ce rivage, que je n'en ai de les y voir ! —

Tout en faisant ces réflexions, je me félicitois de deux choses ; la premiere, d'avoir eu le bonheur de ne pas être moi-même apperçu des Sauvages ; & la seconde, d'avoir assez bien caché ma chaloupe, pour qu'ils ne l'eussent pas trouvée. Elle leur eût fait soupçonner que l'Isle n'étoit pas sans habitants ; sans doute ils m'auroient cherché, & peut-être m'auroient-ils découvert. Dans un autre moment j'imaginois, ou que ma chaloupe, ou que quelqu'autre ouvrage de mes mains m'avoit décelé ; cette crainte m'agitoit de la maniere la plus cruelle ; à chaque instant, je m'attendois à les voir revenir en plus grand nombre ; & supposé que je fusse assez adroit pour me dérober à leurs recherches, je n'en appréhendois pas moins, qu'en furetant de tous côtés, ils ne vinssent à trouver mon enclos, à détruire mon bled, à emmener mon troupeau ; & à me forcer ainsi de mourir de disette.

Dans cette inquiétante situation, je me reprochois de n'avoir semé qu'autant de bled qu'il m'en falloit pour attendre la saison nouvelle. Cette faute que j'avois toujours faite, me parut si essentielle, que je pris la résolution de ne manquer jamais dans la suite, à me pourvoir pour deux ou trois années, afin de n'être pas exposé du-moins à mourir de faim, quelqu'accident qui pût d'ailleurs m'arriver.

CHAPITRE X.

Robinson veut se cacher.

DE combien de sources secretes & opposées les unes aux autres, les différentes circonstances ne font-elles pas sortir les passions des hommes ! Nous évitons aujourd'hui ce que nous cherchions hier ; nous haïssons le soir ce que nous avons cheri le matin ; nous désirons un objet avec passion, & l'instant d'après, à peine en pouvons-nous soutenir l'idée. J'étois alors un bien triste exemple de cette humiliante vérité. Autrefois ce n'étoit qu'avec l'affliction la plus vive, que je me voyois entouré de l'océan, condamné à la solitude, & banni de la société humaine. Je me regardois comme un infortuné que le Ciel avoit retranché du nombre des vivants, & qu'il trouvoit indigne de tenir le moindre rang parmi les créatures ; la vue seule d'un homme, quel qu'il eût été, m'eût donné comme un nouvel être. Actuellement au-contraire, je tremblois à la pensée de mon semblable ; l'ombre d'une créature humaine, la seule marque de son pied, me causoit les plus mortelles frayeurs. Telles font les viciffitudes étonnantes dont l'homme eſt le jouet pendant ſa vie; & telle étoit la ſource féconde de mes réflexions, quand je me trouvois dans une aſſiette aſſez tranquille, pour en faire d'auſſi raiſonnables.

Parmi ce flux & ce reflux continuel d'inquiétudes, tantôt ſenſées, tantôt extravagantes, dont j'étois la proie, je me mis un jour dans l'eſprit, que le ſujet de ma crainte n'étoit peut-être qu'une chimere, & que le veſtige qui m'avoit tant effrayé, pourroit bien n'être autre choſe que la marque de mon propre pied: — Peut-être, me dis-je, j'aurai pris le même chemin pour aller de ma chaloupe chez moi, & pour retourner de chez moi à ma chaloupe; les traces de mes pas m'auront épouvanté, & me voilà ſemblable à ces fous qui, après avoir créé des hiſtoires de ſpectres & d'apparitions, ſont enſuite plus allarmés de leurs fables, que ceux mêmes devant leſquels ils les ont débitées. —

Dans cette confiance, je repris un peu courage, & je ſortis de ma retraite avec l'intention de me promener partout comme à l'ordinaire. Il y avoit déja trois jours & trois nuits que je me tenois renfermé. La faim commençoit à me preſſer,

& il ne me restoit plus que de l'eau & quelques biscuits pour toutes provisions de bouche. Je songeois d'ailleurs que mes chevres devoient avoir grand besoin d'être traites, exercice qui étoit communément ma récréation de chaque soir, & qui depuis trois jours, avoit été interrompu : aussi les pauvres animaux avoient ils beaucoup souffert ; quelques-uns même étoient malades, & le lait de la plupart étoit desséché.

Déterminé par des besoins aussi pressants, & par la pensée que je n'avois eu peur que de mon ombre, je me rendis à ma maison de campagne, pour y traire mon troupeau ; mais à voir avec quelle crainte je marchois, on m'auroit pris pour un homme agité par la plus mauvaise conscience, & par les plus violents remords. A chaque pas, je regardois en même-temps devant moi, à côté de moi, derriere moi ; quelquefois je posois mon sceau à terre, & je courois comme s'il se fût agi de me sauver la vie.

Après avoir fait deux ou trois voyages dans ces transes affreuses, je me répétai si souvent que j'avois été sûrement la dupe de mon imagination, que je devins un peu plus hardi dans la suite. Cependant, je ne pouvois être pleinement conváincu, qu'après m'être transporté sur les lieux, & avoir mesuré le vestige auteur de mes inquiétudes ; je m'y rendis donc ; mais dès que je fus dans l'endroit, je vis très-clairement qu'il n'étoit pas possible que je fusse sorti près de là de ma barque ; je trouvai même que le fatal vestige étoit beaucoup plus grand que mon pied. A cette vue, mes agitations se renouvellerent, mon cerveau se remplit de vapeurs effrayantes, & un frisson me saisit, comme si j'avois eu la fievre. Je courus me réfugier chez moi, persuadé que des hommes étoient descendus dans mon Isle, ou qu'elle étoit même habitée, & que je courois risque d'y être attaqué quelque jour à l'improvîte, sans savoir de quelle maniere je pouvois me précautionner.

Quelles résolutions bizarres la crainte fait prendre aux hommes ! Au lieu de recourir aux moyens que m'eût offert ma raison, si je l'eusse consultée, je me proposai d'abord de jeter à bas mes enclos, de faire rentrer mon troupeau apprivoisé, dans le bois, & d'aller chercher dans un autre coin plus écarté de mon Isle, des commodités pareilles à celles que j'étois prêt de sacrifier à ma conservation. Je voulois encore renverser ma maison de campagne, culbuter ma hute, & bouleverser mes deux terres à bled ; je voulois tout détruire en un mot, afin d'ôter aux Sauvages jusqu'aux moindres soupçons capables de les animer à quelques recherches dans l'Isle, & sur-tout à celle de son malheureux habitant.

C'étoit-là le sujet de mes réflexions pendant la nuit suivante, quand les frayeurs qui avoient saisi mon ame étoient encore dans toute leur force. C'est ainsi que la peur du danger fait sur nous une impression mille fois plus vive, que le danger même ; c'est ainsi que les maux nous paroissent plus insupportables, lorsqu'ils se font craindre, que lorsqu'ils se font sentir !

Mes inquiétudes me tinrent éveillé toute la nuit : le matin, je m'endormis épuisé de veille & de frayeurs. La fatigue de mon ame & l'abbattement de mon esprit étoient extrêmes ; ils me procurerent un sommeil très-profond.

A mon réveil, je me trouvai beaucoup plus calme, & je commençai à raisonner sur mon état avec plus de sang froid. Après un long plaidoyé avec moi-même, je conclus enfin qu'une Isle aussi agréable que l'étoit la mienne, aussi fertile d'ailleurs, & pour troisieme avantage, aussi voisine du Continent, ne devoit point être aussi absolument abandonnée, qu'il m'avoit plu de l'imaginer ; qu'à la vérité, elle n'avoit point d'habitants fixes, mais qu'apparemment les Sauvages y venoient quelquefois, ou de propos délibéré, ou poussés par les vents contraires. Quant aux quinze années que j'y avois passées sans y appercevoir l'ombre d'aucune créature humaine ; j'en tirois cette conséquence, que si de temps en temps ceux du Continent étoient forcés d'y prendre terre, ils ne manquoient point de se rembarquer aussi-tôt qu'ils le pouvoient, puisqu'aucun d'eux jusqu'ici, n'avoit jugé à propos de s'y établir. Donc je n'avois à craindre que des descentes accidentelles, contre lesquelles la prudence vouloit que je cherchasse une retraite sûre.

Je me reprochai alors d'avoir percé si avant ma caverne. Cette maudite sortie que je lui avois donnée dans l'endroit où ma fortification joignoit ce rocher, me causoit de très-vives inquiétudes ; & pour me mettre l'esprit en repos de ce côté-là, je résolus de me faire un second retranchement, à quelque distance de mon rempart, dans le même lieu précisément où j'avois planté deux ans auparavant, une double rangée d'arbres. Ils étoient si près l'un de l'autre, qu'il ne me falloit qu'un petit nombre de palissades entre deux pour me faire une fortification suffisante.

Je me trouvai par ce moyen, retranché dans deux remparts. Celui de dehors étoit rembarré de pieces de bois, de vieux cables, & de tout ce que j'avois trouvé sous ma main de plus solide & de plus propre à le renforcer. Je le rendis épais de plus de dix pieds, à force d'y apporter de la terre, & de marcher dessus du soir au matin, pour lui donner de la consistance; j'y ménageai d'ailleurs cinq ouvertures assez larges, pour que je pusse y passer le bras, & dans lesquelles je mis les cinq mousquets que j'avois tirés du Vaisseau; ils étoient placés, en guise de canons, sur des affuts, en sorte qu'en deux minutes je pouvois dans un besoin, faire feu de toute mon artillerie. Ce retranchement me couta plusieurs mois de travail, & je ne me reposai point qu'il ne fût achevé.

Ce n'est pas tout. Au delà même de mon rempart, je remplis un grand espace de terre, de rejetons d'un bois semblable à l'osier; j'en plantai, je crois, plus de vingt mille, dans une seule année. Je les arrangeois de maniere que je pusse à travers, découvrir mes ennemis, & qu'il ne leur fût pas possible de m'y tendre aucun piege. Deux ans après, mes rejetons formerent un épais bocage, & au bout de dix ans, j'avois devant ma demeure, une forêt impénétrable, où ame qui vive n'auroit soupçonné que fût cachée l'habitation d'un humain.

Comme je n'avois point laissé d'avenue à mon Château, j'y entrois & j'en sortois par le moyen de deux échelles. Avec la premiere, je montois jusqu'à un certain endroit du roc, où il y avoit place pour poser la seconde; & quand je les avois tirées à moi toutes deux, il n'étoit pas possible de me venir trouver, sans courir les plus grands dangers. Ceux même qui auroient eu assez de bonheur pour descendre du roc, sans se rompre quelque membre, se seroient encore trouvés au delà de mon retranchement extérieur.

C'est ainsi que je prenois pour ma conservation, tous les moyens que pouvoient m'inspirer la prudence humaine. Ce n'étoit alors qu'une crainte vague qui me les suggéroit; mais on verra dans les suites, qu'ils ne me furent pas tout-à-fait inutiles. Cependant, en dépit de toutes mes fortifications, je ne laissois pas que d'avoir l'œil encore sur mes autres affaires. Je prenois sur-tout un très-vif intérêt à mes chevres; non-seulement elles m'étoient d'une grande reſſource pour ma ſituation préſente, mais elles me faiſoient eſpérer pour la ſuite, l'épargne de mon plomb, de ma poudre & de mes fatigues. Sans elles, il m'auroit fallu perdre les trois quarts de mon temps dans les bois, à la chaſſe des bêtes ſauvages ; il m'auroit fallu raſſembler un autre troupeau ſur nouveaux frais ; & le premier m'avoit aſſez couté pour me faire craindre de me voir réduit à la néceſſité d'en apprivoiſer un ſecond.

Après une ample & mure délibération, car le ſujet en valoit bien la peine, je ne trouvai que deux moyens uniques de mettre mes chevres hors d'inſulte. Le premier étoit de leur creuſer une caverne ſous terre, & de les y faire entrer régulierement toutes les nuits. Le ſecond conſiſtoit à fabriquer deux ou trois petits enclos, diſtants les uns des autres, & le plus cachés qu'il feroit poſſible : je voulois dans chacun de ces enclos, renfermer une demi douzaine de jeunes chevres, afin que s'il arrivoit quelque déſaſtre au troupeau en général, je puſſe le remettre en peu de temps ſur pied, & réparer ſans beaucoup de peine, les pertes qu'il auroit ſouffertes.

Ce dernier parti m'engageoit à un travail très-rude, & demandoit beaucoup de temps; mais il me parut le plus raisonnable des deux, & je m'y arrêtai. En conséquence, je me mis à parcourir tous les coins & tous les recoins de mon Isle, & je trouvai enfin un endroit aussi détourné que je le désirois. C'étoit une piece de terre, au milieu d'un bois épais, où j'avois un jour failli à me perdre, & dont la nature avoit fait elle-même une espece d'enclos, tel à peu près que je voulois l'arranger. Je mis aussi-tôt la main à l'œuvre, & je profitai si bien de l'avantage des lieux, que dans moins d'un mois, mes chevres qui étoient déja passablement bien apprivoisées, pouvoient être en sûreté dans leur nouvel asyle. J'y conduisis d'abord deux mâles & deux femelles, après quoi, je perfectionnai mon ouvrage à loisir.

CHAPITRE XI.

CHAPITRE XI.

Robinson voit les débris d'un repas de Sauvages.

LA seule marque d'un pied d'homme me couta tous ces travaux, sans compter que depuis deux ans déja, je vivois dans des transes mortelles qui empoisonnoient le peu de douceurs que j'aurois pu gouter dans mon Isle. Dès que j'eus mis en sureté une partie de ma provision vivante, je parcourus de nouveau tout mon Désert, cherchant dans les coins les plus isolés, une seconde retraite, propre à recevoir un pareil dépôt. Un jour, en m'avançant un peu plus que je n'avois encore fait vers la pointe occidentale de l'Isle, je crus entrevoir d'une hauteur où j'étois, une chaloupe bien avant dans la mer. Il s'étoit trouvé quelques lunettes d'approche dans un des coffres que j'avois sauvés du Vaisseau ; mais par malheur, je ne les avois point alors sur moi, & j'eus beau fatiguer mes yeux à force de les fixer sur l'objet que j'appercevois, je ne pus le voir que confusément.

Je descendis de ma colline, & portant

avidement par-tout mes regards, je ne tardai pas à me convaincre que la trace du pied d'un homme n'étoit pas une chose fort rare dans mon Isle ; & que si le hazard ne m'eût pas jeté dans la partie où les Sauvages ne paroissoient jamais, j'aurois su qu'il étoit très-ordinaire aux canots du Continent d'y venir chercher une rade, quand ils se trouvoient trop avant dans la haute mer. J'aurois appris encore que quand ces Messieurs s'étoient battus entre eux, les vainqueurs emmenoient leurs prisonniers sur mon rivage, afin de les y tuer & de s'en régaler plus à leur aise.

Un spectacle dont je fus témoin m'instruisit de cette horrible particularité. Je vis la terre parsemée de cranes, de mains, de pieds & d'autres ossements d'homme ; près de-là, je vis les restes d'un feu, & un banc creusé dans la terre, en forme de cercle, où sans doute ces abominables Sauvages s'étoient placés pour faire leur affreux festin. Cette vue suspendit quelque temps dans mon esprit l'idée de mes propres dangers. Toutes mes craintes étoient étouffées par l'impression plus frappante que faisoit sur moi cette brutalité infernale. J'en avois entendu parler souvent, & elle me faisoit autant fremir, que si je ne l'eusse jamais imaginé. Je détournai les yeux de ce lieu d'horreurs. Je sentis des pensées cruelles, je tombai en foiblesse, & je ne me traînai qu'avec effort, dans ma demeure.

Quand je fus à quelque distance de cet horrible spectacle, je m'arrêtai pour reprendre mes sens; & le cœur attendri, les yeux baignés de larmes, je rendis graces à Dieu de m'avoir fait naître dans une partie du monde éloignée de cet abominable Peuple.

Rentré chez moi, je fus plus tranquille sur mon sort, en réfléchissant que ces misérables n'abordoient jamais dans mon Isle, avec le dessein de s'y mettre en possession de rien; n'ayant en effet aucun besoin d'y rien chercher, & sans doute confirmés dans la pensée qu'ils n'y trouveroient rien, par les courses qu'ils pouvoient avoir faites dans les forêts. Dix-huit ans s'étoient déja passés, sans qu'il me fût arrivé aucune mauvaise aventure; & en prenant sagement mes précautions, je pouvois espérer d'avoir encore le même bonheur. Je ne jurois point, il est vrai, de ne jamais me découvrir moi-même: mais je ne le voulois faire que dans quelque occasion favorable, où je pourrois lier connoissance avec une meilleure espece d'hommes, que les Cannibales.

Cependant, l'horreur que m'avoit inspirée leur brutale coutume, me jeta dans une mélancolie profonde qui me tint pendant deux années entieres, renfermé dans mes propres domaines. J'entends par mes propres domaines, mon Château, ma maison de campagne, & le nouvel enclos que j'avois pratiqué au milieu des bois. Je n'allois même dans ce dernier lieu, qui étoit pourtant la demeure de mes chevres, que quand j'y étois abſolument néceſſité. La nature m'avoit donné tant d'horreur pour ces exécrables Sauvages, que j'aurois mieux aimé, je crois, voir le Diable en propre perſonne, que d'en rencontrer un ſeul. Je n'avois garde non plus, d'aller examiner l'état de ma chaloupe. J'avois déja réſolu d'en conſtruire une autre ; & ce nouvel incident me confirma encore dans ma réſolution : car de faire le tour de mon Iſle avec la vieille, pour l'approcher de chez moi, c'eût été renouveller, non-ſeulement mes anciens dangers, mais m'expoſer à faire en mer quelque rencontre fâcheuſe, & à tomber dans les mains que je voulois éviter.

Le temps avec lequel on s'accoutume à tout ; & d'un autre côté, la certitude où j'étois que je ne courois aucun riſque d'être découvert, me remirent inſenſiblement, dans mon premier état, & je repris ma maniere de vivre ordinaire. J'avois toujours l'œil au guet cependant, & je n'oſois plus tirer, dans la crainte d'exciter la curioſité des Sauvages, ſi par hazard il s'en trouvoit alors dans l'Iſle. C'étoit par conſéquent un très-grand bonheur pour moi, de m'être pourvu d'un troupeau de chevres, & de n'être plus forcé d'aller à la chaſſe. Si j'attrapois encore quelque animal, ce n'étoit plus que par le moyen de mes pieges, qui tendus loin de mon domicile, & ne faiſant aucun bruit, ne m'expoſoient à aucune eſpece de danger.

Je ne ſortois cependant jamais ſans mon mouſquet : & comme j'avois ſauvé trois piſtolets du Vaiſſeau, j'en portois toujours deux pour le moins pendus à ma ceinture de peaux de chevre. Je me muniſſois encore d'un des énormes coutelas que j'avois fourbis, & pour lequel j'avois fait un nouveau ceinturon. On n'aura point de peine à croire que dans mes ſorties, je devois avoir un air formidable, ſi l'on ajoute à la deſcription que j'ai faite de mon armure & de ma figure, les deux piſtolets de ſurcroît dont je viens de parler, & le large ſabre qui pendoit à mon côté, ſans fourreau.

CHAPITRE XII.

Robinson veut sauver les victimes des Sauvages.

QUOIQUE je ne manquasse de rien, j'étois sûr pourtant que mes frayeurs & tant d'ouvrages divers que m'avoit inspiré le soin de ma conservation, avoient émoussé ma subtilité ordinaire. Entre autres choses, j'avois négligé un dessein, qui auparavant m'avoit beaucoup occupé ; c'étoit de faire sécher une partie de mon grain, pour en faire de la bierre. Cette pensée m'avoit paru d'abord un peu bizarre à moi-même ; car je manquois de tous les moyens nécessaires pour parvenir à mon but : premierement, je n'avois point de tonneaux, &, comme je l'ai observé, j'avois employé déja deux mois de travail inutile pour en construire. D'ailleurs, je n'avois ni houblon pour rendre ma bierre durable, ni levure pour la faire fermenter, ni chaudiere pour la faire bouillir. Toutefois, en dépit de ces inconvénients, je suis persuadé que sans les appréhensions continuelles que m'avoient causées les Sauvages, j'aurois tenté l'entreprise avec succès. Je peux dire après tout, sans vanité, que je laissois fort rarement imparfait, un dessein que je m'étois bien mis dans la tête d'exécuter.

Mais dans les circonstances malheureuses où je me trouvois, mon esprit inventif s'étoit tourné entierement contre les Sauvages. Je ne songeois plus nuit & jour, qu'à me mettre dans le cas de détruire quelques-uns de ces monstres, au milieu de leurs divertissements sanguinaires, & de sauver, s'il étoit possible, leurs déplorables victimes. Je remplirois un Volume entier, si je voulois rapporter ici toutes les pensées qui me roulerent dans l'esprit sur la maniere d'exterminer ces misérables, ou de leur donner du-moins une allarme assez chaude, pour les détourner de remettre jamais les pieds dans mon Isle. Heureusement pour eux ou pour moi, tous mes projets n'aboutirent de long-temps à rien. Je n'avois de ressource qu'en moi-même ; & que pouvoit un seul homme contre une trentaine de bêtes féroces, toutes déterminées à mourir, & armées toutes pour leur défense, de javelots, de dards & de fleches, dont les coups étoient aussi surs, que ceux des armes à feu.

Quelquefois j'avois dessein de creuser une mine sous l'endroit où ils s'assembloient, & d'y placer cinq ou six livres de poudre à canon, qui venant à s'allumer dès que leur feu y pénétreroit, feroit sauter en l'air tout ce qui se rencontreroit aux environs. Mais n'ayant plus qu'un baril unique de poudre, il me fâchoit très-fort d'en perdre d'un seul coup, une si grande quantité. D'ailleurs, quelle certitude avois-je de l'effet de ma mine? Elle pouvoit ne leur griller que les oreilles, & ne pas les épouvanter assez, pour leur faire interrompre le cours de leurs visites. Je me désistai donc de cette dispendieuse entreprise, & je me proposai de me mettre moi-même en embuscade, avec mes trois fusils chargés à double charge, prêt à tirer sur eux, au milieu de leur cérémonie sanglante ; & persuadé qu'après en avoir tué ou blessé du-moins deux ou trois à chaque coup, je viendrois aisément à bout du reste, fussent-ils encore une vingtaine, en tombant sur eux avec mes trois pistolets & mon sabre.

D'après cette idée, je cherchai pendant plusieurs jours, un endroit propre à l'exécuter. Je descendis même fréquemment vers le lieu de leur festin, avec lequel je commençois à me familiariser, sur-tout dans le temps que mon esprit étoit rempli de projets de vengeance & de carnage, je n'en étois que plus animé à les effectuer, en me remettant sous les yeux les marques de leur barbarie. A la fin, je trouvai dans un des flancs de la colline, un lieu où je pouvois attendre en sureté, l'arrivée de leur barque, & d'où, tandis qu'ils descendroient à terre, je pourrois me glisser, sans être apperçu, dans le plus épais du bois. D'un autre côté, j'avois découvert un arbre creux capable de me cacher des pieds à la tête; je pouvois épier de-là toutes leurs actions, & les coucher en joue tout à mon aise, dans le moment qu'occupés à manger, ils seroient si serrés les uns contre les autres, que du premier coup, il me seroit presque impossible de n'en pas mettre trois ou quatre hors de combat.

Résolu d'exécuter tout de bon mon entreprise, je chargeai mon fusil de chasse, de la plus grosse dragée, mes deux mousquets, de feraille, mes pistolets, de quatre balles chacun ; & dans cette posture, fourni de munitions pour une seconde & une troisieme décharge, je me préparai au combat. Quoique la colline où étoit placée mon embuscade, fût à une grande lieue de mon Château, je m'y rendois pourtant exactement tous les matins. Mais j'y demeurai plus de deux mois en sentinelle, sans faire la moindre découverte, & sans voir la moindre barque, non-seulement auprès de mon rivage, mais encore dans tout l'océan, autant que ma vue, aidée de mes lunettes, pouvoit s'étendre.

Mon dessein subsistoit cependant dans toute sa vigueur, & je continuois toujours d'être dans toutes les dispositions nécessaires pour n'épargner aucun des Sauvages que je pourrois massacrer. Mais à la fin, la fatigue & l'ennui de tenter si long-temps en vain la même entreprise, me firent raisonner avec un peu plus de justesse, sur la nature de l'action que je voulois commettre. Après tout, quel étoit le crime de ces infortunés ? Ils n'en avoient point d'autre contre eux, que celui de suivre en aveugles, une tradition malheureuse qui les avoit familiarisés dès leur enfance, avec une coutume si horrible. Ils mangeoient leurs prisonniers avec le même sang froid & la même sécurité de conscience, que nous mangeons un mouton. D'ailleurs, en supposant qu'ils fussent coupables, quel droit avois-je de les punir ? Qui m'avoit chargé de les tuer eux-mêmes, pour les mettre hors d'état de tuer désormais personne ?

Ces réflexions calmerent un peu mes premieres fureurs. Je renonçai même bientôt à toutes mes mesures, en concluant qu'elles étoient injustes, & que je ne serois en droit de les employer contre eux, que quand ils auroient eux-mêmes commencé les hostilités contre moi. Je pris d'autant plus volontiers cette seconde résolution, que la premiere, au lieu de tendre à me conserver, ne pouvoit réellement contribuer qu'à ma ruine. En effet, qu'un seul Sauvage m'échappât de toute une troupe, c'en étoit assez pour qu'un Peuple entier me tombât sur les bras; & je n'avois nul besoin de cette nouvelle infortune. Je devois donc, & par politique, & par raison, ne me mêler en rien de leurs actions. Toute mon affaire étoit de me tenir soigneusement à l'écart, & de ne laisser sous leurs yeux, aucune marque qui pût leur faire soupçonner qu'il y eût des êtres raisonnables dans l'Isle.

Je vécus une année entiere, dans cette humeur pacifique. J'étois si éloigné de songer à attaquer les Sauvages, que je ne daignois seulement pas monter sur la colline, pour en découvrir, ou pour examiner s'ils étoient débarqués ou non, craignant toujours que quelque occasion trop favorable ne m'engageât à renouveller mes desseins contre eux. Je ne fis que retirer de-là ma barque, que je plaçai du côté occidental de mon Isle, dans une cavité que je rencontrai sous des roches élevées, & que les courants rendoient impraticable à leurs canots.

Je menois une vie plus solitaire en quelque sorte, & plus retirée, que je n'avois encore fait. Je ne sortois plus que pour aller traire mes chevres, & donner du grain au troupeau que j'avois caché dans le bois, & qui, placé de l'autre côté de l'Isle, étoit entierement hors d'insulte ; car, selon toutes les apparences, les Sauvages n'étoient jamais tentés de quitter le rivage. Ces malheureux Cannibales étoient venus souvent chez moi, aussi bien avant que j'eusse pris toutes mes précautions qu'après ; heureusement je ne les avois point rencontrés. Mais quand cette pensée venoit me frapper, je réfléchissois avec horreur, sur la situation où j'aurois été en les voyant, lorsque nu & désarmé, je n'avois pour toute défense, qu'un seul fusil chargé de dragée ! Je parcourois alors tous les coins & tous les recoins de mon Isle. Quelle eût été ma frayeur, si au lieu de la marque d'un pied, j'avois trouvé une vingtaine d'Antropophages, qui courant tous après moi, n'auroient pas manqué de m'atteindre bientôt, par la vîteſſe extraordinaire de leur courſe.

CHAPITRE XIII.
Robinſon trouve une Caverne.

ON ne ſera point étonné de m'entendre avouer encore une fois, que mes inquiétudes, en ajoutant encore aux dangers dont j'étois menacé, m'avoient fait perdre de vue le ſoin de toutes mes commodités. Je ſongeois plutôt à vivre, qu'à vivre agréablement. La crainte de me déceler m'empêchoit de placer un clou, d'affermir un morceau de bois. Beaucoup moins avois-je le cœur de tirer un coup de fuſil, quelqu'occaſion qui s'en préſentât. Ce ne fut même qu'en tremblant, que je me riſquai à faire du feu, dont la fumée, viſible à une grande diſtance, pouvoit me trahir & découvrir ma retraite. J'avois pourtant tranſporté déjà ma cheminée dans mon nouvel appartement, au milieu du bois, où, après pluſieurs allées & venues, je trouvai, avec tout le raviſſement imaginable, une cave naturelle & d'une étendue prodigieuſe. Je ſuis bien sûr que jamais Sauvage n'en avoit apperçu l'ouverture ; & je suis plus sûr encore, qu'aucun d'eux n'auroit été assez hardi, pour y entrer ; il falloit, pour oser s'y hazarder, avoir un aussi pressant besoin que moi, d'un asyle impénétrable.

 L'entrée de cette caverne étoit derriere un rocher énorme ; & ce fut par le plus grand hazard du monde, que je la découvris. Je coupois alors quelques grosses branches d'arbres que je voulois brûler, pour en conserver le charbon ; moyen que je venois d'imaginer, pour éviter de faire de la fumée, & en cuisant mon pain, & en préparant mes autres mets. Mon ouverture étoit cachée sous un amas de broussailles, à quatre pas de mes branches. Je ne l'eus pas plutôt apperçue, que ma curiosité me porta à y pénétrer. D'abord je ne pouvois m'avancer, que courbé & avec peine ; un peu plus loin, la voute étoit plus élevée, & je me tenois debout. Mais j'avoue que je sortis plus vîte que je n'étois entré ; car en portant mes regards dans le fonds de cet antre obscur, j'y apperçus deux grands yeux ouverts & brillants comme deux étoiles, qui me firent une peur horrible. Je ne savois si c'étoient les yeux d'un homme, ou ceux d'un Diable.

Après avoir un peu repris mes sens, e me reprochai ma foiblesse. En effet, il y avoit déja vingt ans que je vivois sans péril dans mon Désert ; &, les Sauvages exceptés, qu'avois-je à craindre, moi sur-tout dont l'air & l'accoutrement étoient plus effroyables peut-être, que tout ce que la caverne pouvoit renfermer de plus affreux ? Là-dessus, je repris courage, & me saisissant d'un tison enflammé, je rentrai brusquement dans mon antre. Mais à peine j'eus fait quatre pas en avant, que mes frayeurs redoublerent ; j'entendis un profond soupir, suivi d'un son semblable à des paroles mal articulées, & d'un autre soupir plus terrible encore ! Alors, une sueur froide se répandit sur tout mon corps, & mes cheveux se dresserent sur ma tête avec tant de force, que si j'avois eu mon chapeau, je suis persuadé que tout pesant qu'il étoit, ils l'auroient jeté par terre. Je fis cependant tous mes efforts pour dissiper ma crainte, & m'avançant avec une intrépidité plus apparente que réelle, contre mon ennemi, quel qu'il pût être, --- je trouvai une chevre prête à mourir de vieillesse. Je la poussai un peu, essayant avec le pied, si je ne pourrois pas la faire sortir de-là ; elle parut vouloir se lever, mais elle n'y put réussir ; & je m'en confolai, bien fur que tant qu'elle feroit en vie, elle effrayeroit tout ce qui feroit affez hardi pour fe préfenter à l'entrée de la caverne.

Ne voyant plus rien à craindre, je portai hardiment mes regards de tous côtés. L'antre étoit affez vafte, mais fans figure réguliere. La nature l'avoit taillé fans le fecours de l'art. Je vis dans l'enfoncement une autre ouverture encore, mais fi baffe, qu'il n'étoit poffible d'y entrer qu'à quatre pieds. J'y revins le jour fuivant, avec un fufil à faire du feu, & une provifion de dix groffes chandelles, que j'avois faites de graiffe de chevres.

Après avoir rampé l'efpace de neuf à dix aunes, je me vis tout à coup plus au large. J'étois fous une voute élevée à la hauteur à peu près, de vingt pieds ; & je peux affurer que dans toute mon Ifle il n'y avoit rien de fi beau, ni de fi digne d'être confidéré que ce fouterrein. J'avois allumé deux de mes chandelles; leur lumiere étoit réfléchie de plus de cent mille manieres différentes, par les murailles d'alentour. Je ne dirai point fi tant d'éclat étoit caufé, ou par des diamants, ou par d'autres pierres précieufes, ou enfin par de l'or : ce dernier pourtant me paroît le plus vraifemblable. Quoi qu'il en foit, ma grotte, quoique parfaitement obscure, étoit la plus charmante qu'on puisse imaginer. Le fonds en étoit uni, sec & couvert d'un gravier très-fin & très-délié. On n'y remarquoit nulle trace d'aucun animal vénimeux, nulle vapeur, nulle humidité. La difficulté de l'entrée étoit l'unique desagrément que j'y trouvai ; encore ne m'en plaignis-je pas long-temps, réfléchissant que ce desagrément même en faisoit la sureté.

Enchanté de ma découverte, & me hâtant d'en tirer parti, je transportai sur le champ dans mon nouvel asyle tout ce dont la conservation m'inquiétoit le plus ; surtout, mes munitions & mes armes de réserve. C'étoit une occasion bien naturelle d'ouvrir le baril de poudre que j'avois sauvé de la mer ; l'eau y avoit pénétré de toutes parts, à la profondeur à peu près, de trois ou quatre pouces : mais la poudre mouillée ayant formé une espece de croûte qui avoit conservé le reste, comme une noix se conserve dans sa coque, il m'en restoit au centre du baril, environ soixante livres, que je portai dans ma grotte. J'y portai aussi tout le plomb que j'avois encore, & je ne gardai dans mon Château, que ce qui m'étoit nécessaire pour le défendre, en cas de surprise.

Peu s'en falloit que je ne fusse tenté de me comparer alors à ces Géants de l'antiquité, qui habitoient les antres inaccessibles. Et dans le fonds, en supposant que les Sauvages vinssent à me découvrir, il y avoit tout à parier, que quelque nombreux qu'ils fussent, ils n'oseroient jamais m'attaquer dans ma nouvelle forteresse. La vieille chevre qui m'avoit si fort effrayé, avoit eu l'honnêteté de mourir le jour que j'en pris possession; ainsi je m'en trouvois le seul & unique maître. Seulement je lui avois conservé le droit d'y être enterrée, aimant beaucoup mieux creuser un trou sous son cadavre, que de m'épuiser à le tirer dehors.

CHAPITRE XIV.

Robinson voit des Sauvages.

IL y avoit vingt-trois ans révolus, que je vivois dans mon Isle. J'étois si accoutumé à ma maniere d'y vivre, que sans la crainte des Sauvages, je n'aurois rien demandé de mieux, que d'y passer le reste de mes jours; content de mourir dans la grotte où j'avois donné la sépulture à ma chevre. Je m'étois même ménagé quelques passe-temps fort agréables, ressource qui m'avoit manqué dans le commencement de mon exil. J'ai déja dit que j'avois appris à parler à mon perroquet; il profitoit si bien de mes leçons, que sa conversation, qui tous les jours s'enrichissoit de quelque mot nouveau, fut pour moi d'un très-grand agrément, tout le temps que nous passames ensemble. Ces animaux ont, dit-on, un siecle de vie; ainsi, comme il étoit fort jeune quand je le pris, il vit encore, & il appelle à son ordinaire, *Robinson Crusoé.*

Mon chien me tint aussi très-fidelement compagnie pendant les seize années qu'il vécut. Il m'aimoit beaucoup, & je lui rendois bien la pareille : mais enfin, tous mes soins ne purent l'empêcher de mourir de vieillesse. Quant à mes chats, je n'en conservai que trois favoris, dont je ne manquois jamais de noyer la progéniture, pour des raisons que j'ai déja dites. Le reste de mon domestique consistoit en deux chevreaux, dont le talent étoit de venir, au moindre signe, prendre leur repas dans ma main, & en deux autres perroquets, qui ne laissoient pas que de jaser assez bien, & qui prononçoient mon nom sur-tout très-distinctement. Il est vrai qu'ils étoient d'ailleurs fort éloignés de la perfection du premier ; mais il faut convenir aussi que leur éducation m'avoit couté beaucoup moins de peine. J'avois encore quelques oiseaux de mer, dont je n'ai jamais su les noms ; je les attrapois, tantôt d'une maniere, tantôt d'une autre, en me promenant sur le rivage ; & comme je commençois toujours par leur couper les ailes, ils étoient forcés d'habiter & de pondre où je voulois, c'est-à-dire, dans le jeune bois que j'avois planté devant le retranchement de mon Château. Leur nombre, leur espece & leurs cris différents, contribuoient singulierement à mes menus plaisirs. J'étois content en un mot, & de mon sort, & des petites douceurs dont

Il étoit accompagné, pourvu que les Sauvages ne vinssent pas troubler ma tranquillité.

Mais le Ciel avoit bien autrement ordonné de ma destinée; & je ne peux m'empêcher de remarquer ici qu'il arrive mille circonstances où les maux que nous redoutons le plus, deviennent le remede de ceux même que nous souffrons déja. Je l'ai sur-tout éprouvé dans les dernieres années de ma vie solitaire.

J'étois, au mois de Décembre, dans le plus fort de ma moisson, & obligé conséquemment d'être en campagne dès le matin, pour ne rentrer chez moi que le soir. En sortant un jour un peu avant le lever du soleil, je vis sur le rivage, une lumiere qui me parut être à une demi-lieue, environ. Elle n'étoit point dans l'endroit où les Sauvages avoient coutume d'aborder, & je remarquai avec la derniere douleur, qu'elle étoit du côté de mon habitation.

La peur d'être surpris me fit entrer bien vîte dans ma grotte, où je me crus d'autant moins en sûreté, que mes grains à moitié coupés assez près de-là, pouvoient inviter à chercher dans les environs, celui qui les avoit moissonnés. Je courus donc me réfugier dans mon Château, & presque dans le même moment, j'eus tiré mon échelle après moi, chargé mes pistolets, & disposé toute l'artillerie que j'avois placée dans mon nouveau retranchement. Ma résolution étoit bien prise, & si j'étois attaqué, je me sentois en état de me battre jusqu'à mon dernier soupir. Il y avoit deux heures que j'attendois l'ennemi dans ces courageux sentiments, impatient de savoir ce qui se passoit au-dehors, & n'ayant personne pour envoyer à la découverte. Incapable de soutenir plus long-temps une si cruelle incertitude, je montai sur le haut de mon rocher, & m'y traînant ventre à terre, je braquai ma lunette.

Je vis neuf Sauvages assis en rond autour d'un grand feu, qu'ils n'avoient point fait assurément pour se chauffer, car la chaleur étoit extrême. Leur projet sans doute, étoit de préparer quelques mets de chair humaine, qu'ils avoient apporté avec eux. Je ne pus distinguer si elle étoit morte ou en vie. Ils étoient venus avec deux canots qu'ils avoient tirés sur le rivage; & comme c'étoit alors le temps du flux, ils paroissoient attendre le reflux, pour s'en retourner. Cette disposition de leur part, me remit un peu de mon trouble ; j'en conclus qu'apparemment ils venoient & s'en retournoient toujours de la même maniere, & que je pouvois battre la campagne sans danger pendant le flux, pourvu que je n'en eusse pas découvert auparavant sur le rivage. Observation qui me fit continuer ma moisson dans la suite avec d'autant plus de sécurité, qu'elle se trouva confirmée par leur départ. En effet, dès que la marée put les ramener, ils se jeterent dans leurs barques, & firent force de rames; non sans avoir sauté & dansé auparavant, à ce que je soupçonnai du moins par leurs postures & par leurs gestes. Mais, quelque forte que fût mon attention à les examiner, je ne pus distinguer ni reconnoître leur sexe; ils étoient pourtant absolument nus.

Aussi-tôt que je les vis embarqués, je sortis avec deux fusils sur mes épaules, deux pistolets à ma ceinture, & mon large sabre à mon côté. Je gagnai la colline d'où j'avois vu pour la premiere fois, les marques des festins horribles de ces Cannibales. Là, je m'apperçus qu'il y avoit eu encore trois autres canots, qui s'étoient mis en mer, aussi-bien que les deux premiers, pour regagner le Continent. Descendu sur le rivage, je vis les restes sanglants de leur abominable repas, & j'en conçus tant d'indignation, que je me promis pour la seconde fois, de tomber sur la premiere troupe que je rencontrerois, quelque nombreuse qu'elle pût être.

Il est à croire que leurs visites dans l'Isle, étoient fort rares ; car il se passa plus de quinze mois, avant que j'en revisse la moindre trace. Pendant tout ce temps, je vécus dans des frayeurs continuelles, qui m'entretenoient dans mon humeur meurtriere ; presque toutes les heures du jour, dont j'aurois pu faire un meilleur usage, je les employois à dresser d'avance, le plan de mon attaque, pour la premiere fois que j'en trouverois l'occasion. Je me demandois comment il me seroit plus facile d'en triompher, s'ils étoient tous rassemblés ; ou de quelle autre maniere il faudroit m'y prendre, si leurs forces étoient divisées. Je ne considérois pas qu'en tuant, tantôt un de leurs partis, & tantôt un autre, ce seroit toujours à recommencer ; & qu'à la fin, je deviendrois moi-même plus barbare, que ceux dont je voulois punir la barbarie.

Cependant, mes inquiétudes renouvellées répandoient beaucoup d'amertume sur ma vie. Je ne me hazardois jamais à sortir de ma retraite, sans la plus grande précaution, tournant continuellement les yeux sur tous les objets dont j'étois environné. Avec quel plaisir je me félicitois alors

alors d'avoir mis mon troupeau en sureté, & de n'avoir point à faire feu au milieu des bois sur les chevres ! Il est vrai que le bruit de mon fusil auroit pu mettre en fuite quelques Sauvages effrayés ; mais ils seroient immanquablement revenus à la charge avec une centaine de canots ; & je savois ce que je devois attendre de leur inhumanité. Je passois les jours dans des pensées inquietes, & les nuits dans des insomnies cruelles, ou des songes effrayants. Je rêvois toujours que je tuois des Sauvages, & que je pesois les raisons qui m'autorisoient à les tuer.

CHAPITRE XV.

Robinson voit un Vaisseau qui fait naufrage.

MEs allarmes continuerent jusqu'à la moitié du mois de Mai, où un évenement d'une autre nature vint tout-à-coup les susprendre. Il s'éleva une tempête horible, accompagnée de tonnerres & d'éclairs ; la nuit fut épouvantable ; & jamais, je crois, les vents ne s'étoient dechaînés avec tant de force. Tandis que je faisois là-dessus de sérieuses réflexions, j'entendis comme le bruit d'un coup de canon tiré en mer.

Cette surprise fut bien différente de toutes celles que j'avois éprouvées jusqu'alors. Je me leve avec empressement, je place mes échelles à la hâte, & je monte au haut de mon rocher. J'y fus à peine, qu'une lumiere me prépare à un second coup de canon, qui, une demi minute après, vient frapper mes oreilles. Autant que je pus m'orienter, le son partoit du même côté de la mer où j'avois été emporté par les courants. Je jugeai d'abord que c'étoit quelque Vaisseau en péril qui demandoit du secours. J'étois incapable de lui en procurer ; mais en supposant qu'il échappât, il pouvoit m'en donner à moi-même. En conséquence, je ramassai tout ce que je pus trouver de bois sec autour de moi, & j'y mis le feu dans l'endroit le plus élevé de la colline : quoique le vent fut très-violent, il ne laissa pas que de s'enflammer, & sans doute, il fut apperçu par ceux du Vaisseau ; car à peine il étoit dans toute sa force, que j'entendis un troisieme coup de canon, qui fut même suivi de plusieurs autres qui venoient tous du même endroit. J'entretins mon feu toute la nuit. Quand il fut jour, & que l'air se fut éclairci, je vis quelque chose à une grande distance de moi, mais sans distinguer le moins du monde, ce que ce pouvoit être, même avec mes lunettes.

Las de fixer constamment le même objet sans le reconnoître, & remarquant toutefois qu'il demeuroit toujours dans la même place, j'en conjecturai que ce devoit être un Vaisseau à l'ancre. Pour être plus sûr de mon fait, je pris un de mes fusils, & je courus vers mes rochers. J'étois monté sur le plus élevé de tous, & le temps étoit calme : je vis à mon grand regret, le corps d'un Vaisseau qui s'étoit brisé pendant la nuit, contre ces mêmes écueils que j'ai dit qui étoient cachés sous l'eau, & qui faisant une espece de contre marée, m'avoient délivré du plus grand péril que j'eusse couru de ma vie.

C'est ainsi que l'un périt par où un autre s'est sauvé. Si ces malheureux avoient découvert mon Isle, sans doute ils auroient fait tous leurs efforts pour y aborder ; mais apparemment qu'ils ne la découvrirent point. Helas ! Combien d'infortunés périssent tous les jours, ayant sous leur main des secours dont ils ne se doutent pas !

Cependant, les coups de canon qu'il

avoient tirés en voyant mon feu, me firent naître dans l'esprit mille pensées différentes. Tantôt j'imaginois qu'ayant apperçu cette lumiere, ils s'étoient jetés aussi-tôt dans leur chaloupe, pour gagner le rivage ; mais que la tempête les avoit emportés. Tantôt, je croyois qu'ils avoient commencé par perdre leur chaloupe même, malheur qui n'arrive que trop souvent, lorsque les flots entrant dans le Vaisseau, forcent le Matelot à la mettre en pieces, ou à la jeter dans la mer. Une autre fois, je me persuadois que quelqu'autre Vaisseau, accouru au bruit de leur canon, avoit recueilli & sauvé tout l'équipage. Dans un autre moment, me figurant que ces infortunés, entrés tous ensemble dans leur barque, avoient été entraînés bien avant dans l'océan par les courants ; je me peignois leur désespoir, & je me les représentois sans autre ressource que celle de mourir de faim, ou de prolonger leur vie de quelques jours, en se mangeant les uns les autres.

Quel que fût leur sort, j'étois incapable de l'améliorer ; & dans l'état où je me trouvois moi-même, je ne pouvois que jeter un regard pitoyable sur leur misere. Mais je n'ai point de paroles assez énergiques pour bien exprimer avec quelle force je désirois d'en voir un seul homme sauve. Jamais je n'avois tant langui après la société des hommes. Jamais je n'avois senti vivement le malheur d'en être privé. Il y a dans nos passions une source secrette, qui se vivifiant, pour ainsi dire, par la possibilité des objets, nous porte vers eux avec tant d'impétuosité, que nous ne sommes plus en état d'en soutenir la privation. Telle étoit la violence de mes désirs pour la conservation d'un seul de ceux qui avoient monté le Vaisseau. Plût à Dieu, m'écriai-je peut-être mille fois de suite, plût à Dieu, qu'un seul se fût échappé ! — En prononçant cette ardente priere, mes mains se joignirent, & tous mes doigts s'entrelasserent avec une force terrible ; mes dents même se serrerent les unes contre les autres dans ma bouche, au point que je fus long-temps ensuite à les séparer.

Mais helas ! malgré la vivacité de mes vœux, j'eus la douleur de ne voir aborder quelques jours après sur mon rivage, que le cadavre d'un Mousse noyé ! Il avoit pour tout habillement, une veste de Matelot, une mauvaise paire de culottes, & une chemise de toile blanche ; en sorte qu'il me fut impossible de deviner de quelle Nation il pouvoit être. Je le fouillai. Le pauvre

K iij

diable n'avoit que deux pieces de huit dans ses poches ; mais en revanche, il y avoit aussi une pipe à Tabac, qui étoit pour moi d'une valeur beaucoup plus considérable que tout l'or & l'argent du monde.

CHAPITRE XVI.

Robinson va voir le Vaisseau.

L'ORAGE étoit dissipé, la mer s'étoit calmée, & je désirois violemment de me rendre au Vaisseau, moins pour tirer parti de sa dépouille, que pour voir s'il n'y étoit pas demeuré quelque créature vivante. En même temps que j'aurois sauvé la vie à un malheureux, j'aurois rendu la mienne propre, infiniment plus agréable. Cette pensée faisoit sur moi de si fortes impressions, que malgré tous les risques que j'avois à courir, j'aurois cru m'opposer moi-même, en n'y obéissant pas, aux moyens que m'offroit le Ciel pour radoucir les amertumes de ma solitude, & pour faire mon bonheur.

Je me hâtai donc de faire tous les préparatifs qu'exigeoit un pareil voyage. Je pris une quantité raisonnable de pain, un pot rempli d'eau fraîche, une bouteille de ma liqueur forte, dont, grace à mon économie, j'étois encore suffisamment pourvu, & un grand pannier plein de raisins secs. Chargé de cet amas de provisions, & pliant presque sous le faix, je descendis vers ma chaloupe. Je la nettoyai, je la mis à flot, & j'y plaçai toute ma cargaison. Je retournai ensuite chez moi, où je pris encore du ris, deux douzaines de gâteaux, un fromage, un pot de lait, & mon parasol. Mon petit Bâtiment ainsi avitaillé, je levai les yeux au Ciel, & rasant toujours le rivage, je parvins heureusement jusqu'à la pointe de mon Isle, d'où il me falloit entrer dans l'océan, si j'étois assez hardi pour m'obstiner à suivre mon entreprise.

Je frisonnai d'horreur & d'épouvante, à la vue des courants, qui autréfois avoient failli à me perdre. Quelque violents que fussent mes désirs, cet affreux ressouvenir me décourageoit. — A quels dangers je vais m'exposer encore, m'écriois-je ! Si j'ai le malheur de ne pas éviter le roc, me voilà emporté au milieu de la mer ! Qu'un vent contraire s'éleve alors, c'en est fait de moi, & je suis perdu ! — Cette idée désespérante m'effraya si fort, qu'au lieu d'aller en avant & de prendre le large, je retirai bien vîte ma chaloupe dans

K iv

une petite sinuosité du rivage. Je montai de-là sur un tertre, sans savoir au fonds de mon cœur, si je continuerois ma route, ou si je retournerois sur mes pas. Plus je voulois éclaircir ce doute, plus mes idées se brouilloient dans ma tête. Mon incertitude & mes perplexités durerent si long-temps, que le flux eut celui de venir, & de rendre mon projet impraticable, au moins pour quelques heures.

Pendant cet intervalle, je grimpai sur la Dune la plus élevée, observant avec attention quelle route prenoient les courants pendant le flux ; & si emporté par un d'eux loin du bord, il ne s'en trouveroit pas quelqu'autre qui pût m'y ramener avec la même rapidité. Je ne tardai pas à rencontrer ce que je cherchois. Enhardi par cette découverte, je retournai passer la nuit dans ma barque, & le lendemain je partis dès le commencement de la marée. D'abord, je dirigeai mon cours vers le Nord, & le courant qui m'emporta du côté de l'Est, ne me maîtrisa point assez, pour m'ôter toute la direction de mon Bâtiment. Mon gouvernail étoit excellent, & je m'escrimois vigoureusement de ma rame ; en sorte que je fus droit à mon Vaisseau, où j'arrivai en moins de deux heures.

De quel pitoyable spectacle je fus témoin ! Le Navire que je pris pour un Navire Espagnol à sa structure, étoit comme cloué entre deux rocs. La meilleure partie en étoit fracassée. Le grand mât étoit brisé, la poupe rompue, & la proue en morceaux. Il n'y avoit que le beaupré qui fût en état. J'allois aborder, un chien parut sur le tillac. Dès qu'il me vit, il aboya de toute sa force. Je l'appellai, il sauta dans la mer, & je l'aidai à monter dans ma barque. Il mouroit de faim & de soif. Il engloutit en un clin d'œil un morceau de pain énorme. Un loup qui auroit langui quinze jours dans la neige, auroit mangé avec moins de voracité. Il en fut de même de l'eau que je lui présentai ; & si je l'eusse laissé boire à sa discrétion, je crois que le pauvre animal boiroit encore.

Quand je fus entré dans le Vaisseau, le premier coup d'œil qui me frappa, fut celui de deux hommes noyés dans la chambre de proue. Ils se tenoient embrassés & serrés l'un l'autre. Sans doute, lorsque le Bâtiment avoit touché, les flots y étoient entrés avec tant de violence, qu'ils en avoient été étouffés. Je cherchai partout & dans tous les coins où l'eau n'avoit point pénétré encore, je ne trouvai rien de vivant. Le chien seul avoit survécu.

Dans l'impossibilité d'être utile à personne, je ne songeai plus qu'à moi-même. Je vis quelques tonneaux remplis, selon toutes les apparences, de vin ou d'eau-de-vie ; mais comme je n'en aurois pas remué un en mille ans, je les laissai. J'apperçus un autre petit tonneau encore, contenant environ vingt pots ; je m'en accommodai. Je découvris plusieurs coffres, j'en mis deux dans ma chaloupe. J'entrevis un cornet à poudre, & je m'en saisis. Il y avoit aussi plusieurs fusils, mais je n'en avois pas besoin. Je m'appropriai encore une pelle à feu, des pincettes, deux chaudrons, un gril & une chocolatiere ; tous meubles qui me firent beaucoup d'honneur, sur-tout les deux premiers. La marée, qui devoit me ramener chez moi, sembloit attendre que j'eusse achevé de faire toutes mes provisions. Elle commença, dès qu'elles furent finies. Je mis à la voile, le chien me suivit ; & le même soir, j'arrivai au pied de mon Isle.

Je passai la nuit dans ma chaloupe, afin de transporter le lendemain mes nouvelles acquisitions dans ma grotte. Toutefois, je ne pus tenir contre l'envie d'en faire auparavant l'examen, & voici ce que je trouvai : le petit tonneau étoit plein de *Rum* ; j'en bus un coup, il étoit excellent. Dans l'un des deux coffres, il y avoit un petit cabaret rempli de liqueurs cordiales ; elles étoient dans des bouteilles ornées d'argent, & dont chacune contenoit trois pintes. A côté de ces bouteilles, étoient quatre pots de confitures, dont deux s'étoient très-bien conservés. Au-dessous, je trouvai de fort bonnes chemises, quelques cravates, & une demi douzaine de mouchoirs qui couvroient trois grands sacs de pieces de huit, six doubles pistoles, & quelques joyaux d'or, qui tous ensemble pouvoient peser une livre environ. Dans le second coffre, qui appartenoit vraisemblablement à quelque pauvre Matelot, il n'y avoit que quelques habits assez mal en ordre, & trois flacons remplis de poudre ; en sorte, qu'à tout compter, je tirai peu de fruit de mon voyage.

Dans la situation où j'étois, l'argent n'avoit pour moi aucune espece de valeur : j'aurois donné tout ce que j'en avois, pour trois ou quatre paires de bas & de souliers, dont j'avois un très-grand besoin, ne pouvant prendre l'habitude de m'en passer. Je m'étois bien approprié la chaussure des deux Matelots que j'avois trouvés noyés.

dans le Vaisseau, mais par malheur elle ne valoit rien.

Je ne laissai pourtant pas que de porter mon argent dans ma grotte, avec le même soin que mes autres effets. Après avoir mis toutes mes acquisitions en lieu sûr, & ramené ma barque dans sa rade ordinaire, je retournai chez moi, où je continuai de vivre à ma maniere accoutumée, m'appliquant de tout mon pouvoir, à mes affaires domestiques. Pendant quelque temps, je jouis d'un assez grand repos, excepté que j'étois toujours sur le qui vive, sortant rarement, & frissonnant à chaque pas, à moins que je ne tournasse du côté de l'Ouest, où j'étois sûr que les Sauvages ne venoient jamais ; ce qui me mettoit un peu plus à mon aise, en me déchargeant de cet énorme fardeau d'armes dont j'étois toujours accablé dans mes autres routes.

CHAPITRE XVII.

Robinson se prêche.

J'AUROIS vécu passablement heureux, si mon esprit, qui ne s'occupoit qu'à rendre mon corps misérable, ne se fût rempli de mille projets extravagants. Je ne songeois plus qu'à me sauver de mon Isle : je cherchois à m'échapper, tantôt d'un côté, tantôt d'un autre ; & si j'avois eu encore en ma possession la chaloupe avec laquelle j'avois quitté Salé, je crois fermement que je me serois remis en mer, à tout hazard.

Dans toutes les circonstances de ma vie, j'ai été un modele accompli des miseres qu'ont à souffrir les hommes, lorsque leur caprice & leur inquiétude les ôtent de l'état où la nature les avoit placés. Sans parler de la condition dans laquelle j'étois né, & que je voulus changer, ni des sages conseils que m'avoit donnés mon pere, & que j'avois méprisés, n'étoit-ce pas une extravagance de la même force, qui m'avoit jeté dans l'affreux Désert où j'étois ! Si, content de m'être établi avec tant de bonheur, & contre toute apparence, dans le Brésil, j'eusse pû gagner sur moi de n'aller que pas-à-pas à la fortune, avec le temps ma plantation seroit devenue une des plus considérables du pays, & j'aurois fini par me composer un revenu de cent mille *Moidores*. Quelle fureur de m'embarquer moi-même pour la Guinée, tandis que je pouvois me faire amener chez moi les Esclaves dont j'avois besoin! Ils m'auroient coûté davantage, il est vrai; mais cette différence valoit-elle la peine que je m'exposasse à de pareils hazards?

Dans la jeunesse, on fait des folies; & dans l'âge mur, on réfléchit sur les folies qu'on a faites; mais une réflexion sage est communément achetée très-cher. C'est le cas où j'étois; & cependant, en dépit de tout ce qu'il m'en avoit coûté, ma nouvelle extravagance avoit jeté dans mon esprit des racines si profondes, que toutes mes pensées ne rouloient plus que sur les désagréments de ma situation actuelle, & sur les moyens auxquels il me falloit avoir recours, pour m'en délivrer?

Peut-être ne sera-t-il pas inutile pour le plaisir & pour l'instruction du lecteur, que je lui détaille ici les plans ridicules que je formois pour sortir de mon Isle, & les motifs qui m'excitoient à les former.

Qu'il me suppose donc retiré dans mon Château. Ma barque est en sûreté, & ma condition est la même qu'avant mon voyage vers le Vaisseau : mon bien s'est augmenté, mais je n'en suis pas plus riche, & je ne fais pas plus d'usage de mon or, que les habitants du Pérou n'en faisoient du leur, avant l'arrivée des Espagnols.

J'étois dans la vingt-quatrieme année de ma vie solitaire. Pendant une nuit du mois de Mars, sain de corps & d'esprit, couché dans mon lit à mon ordinaire, & très-las des fatigues de la journée, je ne pouvois cependant fermer l'œil. Après mille idées, toutes plus extravagantes les unes que les autres, mon imagination se fixa à la fin, sur les événements qui avoient signalé ma vie, avant que je fusse abordé dans mon Isle. De-là, passant aux aventures qui m'étoient arrivées dans mon Isle même, je fis l'affligeante comparaison des premieres années de mon exil, où je n'avois eu qu'à pourvoir à mes besoins, sans rien appréhender pour ma vie, avec celles que j'avois passées dans des craintes, des inquiétudes & des précautions continuelles, depuis le moment fatal où j'avois vu le pied d'un homme, imprimé sur le sable. Les Sauvages pouvoient être venus auparavant, mais je l'avois ignoré ; & ma tranquillité avoit été aussi parfaite au milieu des plus grands dangers, que si réellement je n'eusse été exposé à aucun.

Ce bonheur dont j'avois joui me donna lieu de réfléchir sur le présent inestimable que le Créateur fait à l'homme, en bornant ses vues & ses connoissances. Nous sommes calmes & tranquilles au milieu de mille périls qui nous environnent ; & ces périls, nous ne pourrions les envisager sans horreur & sans désespoir, si nous perdions l'heureuse ignorance qui les dérobe à nos yeux. Cette pensée tourna naturellement mes réflexions sur les hazards que j'avois courus pendant un si grand nombre d'années. Je me promenois par-tout avec la plus grande sécurité, tandis qu'entre moi & la mort la plus terrible, il n'y avoit souvent que la pointe d'une colline, l'épaisseur d'un arbre, ou une legere vapeur de différence. C'étoient des moyens si foibles & si dépendants du sort qui m'avoient sauvé de la fureur des Cannibales. Ce Peuple féroce, dont je ne devois espérer aucune grace, n'eût pas mis plus de conscience à me dévorer, que je n'en mettois moi-même à me nourrir d'un pigeon tué par mes propres mains.

Cependant, cette inhumanité si familiere aux Sauvages, me faisoit peine à comprendre. Par quel motif le sage Directeur de toutes choses avoit-il pu livrer des créatures raisonnables à un excès de barbarie qui les mettoit au-dessous des brutes mêmes, dont chacune épargnoit au-moins les animaux de son espece ! Dans quelle partie du monde ces Peuples malheureux vivoient-ils ? Les terres qu'ils habitoient étoient-elles éloignées de mon Isle ? Par quelle raison se hazardoient-ils à aborder dans un Désert, qu'ils sembloient redouter, puisqu'ils n'en perdoient jamais le bord de vue ? De quelle structure étoient leurs Bâtiments ? Enfin, ne pouvois-je pas aller à eux aussi facilement qu'ils venoient à moi ?

Au milieu de cette foule de questions, celles que j'aurois du naturellement me faire les premieres, furent celles que je ne me fis point du tout, tant nos passions sont habiles à éloigner de notre esprit tout ce qui pourroit nous empêcher de nous livrer à elles. En effet, je brûlois de me rendre au Continent, sans daigner songer au sort qui m'y attendoit, quand même je serois assez heureux pour ne pas tomber entre les mains des Sauvages. Encore moins m'occupois-je des ressources que j'y pourrois avoir, ou pour y vivre, ou pour en fortir. Je ne penfois qu'à fuir & à m'embarquer ; mon état actuel me paroiſſoit fi misérable, qu'à mon gré, je ne pouvois jamais faire un mauvais troc, à moins de le changer contre la mort. D'ailleurs, je me flattois toujours de trouver quelque fecours inefpéré, comme j'en avois trouvé déja, en côtoyant l'Afrique. Je me difois : — Peut-être rencontrerai-je quelque Vaiſſeau Chrétien, qui voudra bien me prendre. Si je n'en trouve pas, eh bien, je mourrai, & mes malheurs feront finis.

Une réfolution fi bizarre ne pouvoit partir que d'un efprit auſſi impatient que le mien ; encore falloit-il qu'il fût pouſſé au défefpoir par une longue & continuelle fouffrance, & fur-tout par le malheur d'avoir été trompé dans la derniere efpérance que j'avois conçue. Lorfque je me rendis à bord du Vaiſſeau qui venoit de faire naufrage, je m'étois perfuadé que j'y trouverois quelque homme vivant qui pourroit m'apprendre où étoit fituée mon Ifle, & m'enfeigner en même temps, par quels moyens je pouvois m'en tirer. Toutes mes penfées noires, réveillées dans mon cœur, par la perte de cette idée flatteufe, m'agiterent avec une telle force, qu'il n'étoit plus en mon pouvoir de détourner mon esprit du projet insensé de mon voyage. Mes désirs étoient si impétueux, que toute ma raison n'étoit plus capable d'y résister. Pendant deux heures entieres, cette frénésie m'emportoit avec tant de violence, que mon sang bouillonnoit dans mes veines, comme si j'avois eu la fievre ; & un épuisement d'esprit, succédant à cette agitation, me jeta dans un profond sommeil.

On imaginera peut-être que mes songes devoient me retracer pendant la nuit, les mêmes idées qui m'occupoient si fort pendant le jour. Il n'en étoit rien pourtant ; à peine y avoit-il la moindre circonstance qui s'y rapportât.

Je rêvai cette fois entr'autres, que sortant de chez moi, le matin, à mon ordinaire, je rencontrois près du rivage, deux canots, d'où sortoient onze Cannibales. Ils conduisoient au milieu d'eux, un Prisonnier, destiné à leur servir de nourriture. Dans le moment qu'il alloit recevoir le coup de la mort, ce malheureux s'échappe, accourt de mon côté, & vient se cacher dans le bocage épais qui couvroit mon retranchement. Je le suis des yeux, on ne le poursuivoit point. Le voyant seul, je me découvre, & le regardant avec un visage riant, je lui inspire de la confiance. Je l'aide enfuite à monter à mon échelle ; je le mene avec moi dans mon habitation, & il devient mon efclave.

Voilà quel fut mon fonge. Tout le temps qu'il dura, il me remplit d'une joie inexprimable ; mais à peine je me fus réveillé, qu'il fut fuivi d'une douleur extravagante. J'en inférai cependant que le feul moyen d'exécuter avec quelque fuccès, le projet que j'avois formé, étoit de me rendre maître de quelques Sauvages, & fur-tout de fauver la vie, s'il étoit poffible, à des Prifonniers qui me fuffent gré de leur délivrance. Mais j'y voyois cette effrayante difficulté, que, pour affurer une proie de cette nature, il me falloit maffacrer une caravane entiere ; entreprife défefpérée, qui pouvoit très-facilement manquer, fans compter mille raifons qui me faifoient regarder cette action comme criminelle, & la peine que j'éprouvois intérieurement, à la penfée feule de ne pouvoir me délivrer qu'au prix de tant de fang.

Néanmoins, après plufieurs délibérations inquietes, après avoir pefé long-temps s'il m'étoit permis de tuer des Sauvages qui ne me verroient pas, fondé fur ce qu'ils me dévoreroient eux-mêmes, dans le cas où ils viendroient à m'appercevoir ; ou pour mieux dire, après m'être demandé si je pouvois les massacrer, pour me délivrer d'une maniere de vivre qui étoit pour moi une espece de mort, ma passion prévalut sur mon humanité, & je me déterminai, quelque sang que je dusse répandre, à tout employer, pour m'emparer de quelque Sauvage qui pût servir à mes desseins. Le point étoit de savoir comment j'en viendrois à bout ; mais comme je ne pouvois prendre alors aucunes mesures plausibles, je résolus seulement de me mettre, tous les jours en sentinelle, & d'observer le moment où mes ennemis débarqueroient, afin de dresser mon plan selon les lieux & les circonstances.

Dans cette vue, je ne manquois pas un seul jour, d'aller à la découverte. Mais je fus l'espace de dix-huit mois, sans rien appercevoir, quoique pendant tout ce temps, je me transportasse régulierement à chaque marée, tantôt vers l'Ouest, tantôt vers le Sud-Ouest de l'Isle, les deux parties les plus fréquentées par les Sauvages. La fatigue de ces sorties inutiles, au lieu de me dégoûter comme autrefois, de mon entreprise, & d'émousser ma passion, ne faisoit au contraire que l'enflammer davantage. Je désirois de rencontrer les Cannibales, avec autant d'ardeur que j'avois défiré auparavant de les éviter. J'avois même alors tant de confiance en moi-même, que je comptois me ménager jufqu'à trois d'eux avec affez d'adreffe, pour me les affujettir entierement, & leur ôter tout moyen de me nuire.

Je me plaifois, on ne fauroit plus, dans cette idée avantageufe de mon favoir-faire, & rien ne me manquoit, felon moi, que l'occafion de l'effectuer.

CHAPITRE XVIII.

Robinson sauve la vie à un Esclave.

ELLE parut se présenter enfin cette occasion que je cherchois avec tant d'ardeur. Un matin, je découvris jusqu'à six canots dont les Sauvages étoient déja à terre, & hors de la portée de ma vue. Je savois qu'ils venoient d'ordinaire au nombre de cinq ou six, dans chaque barque; par conséquent, leur nombre rompoit toutes mes mesures. Quelle possibilité pour un seul homme, d'en venir aux mains avec une trentaine. N'allois-je pas devenir leur victime, au lieu de leur arracher celles dont ils étoient déja les maîtres? Cependant, après quelques moments d'irrésolution, je me préparai à combattre. D'abord, j'écoutai si je n'entendois point quelque bruit autour de moi. Laissant ensuite mes deux fusils au pied de mon échelle, je montai sur mon rocher. Quoique j'eusse repris tout mon courage, j'eus pourtant la précaution de me placer au haut de ma montagne, de maniere que ma tête n'en passoit point le sommet. De-là, j'apperçus par le moyen de mes lunettes, qu'ils étoient trente tout au-moins. Quelques-uns d'eux allumoient le feu, pour préparer le festin, tandis que les autres dansoient à l'entour, avec mille postures & mille gesticulations bizarres, selon la coutume de leur pays.

Aussi-tôt que leur danse fut finie, je les vis tirer d'une de leurs barques deux misérables qu'ils se disposoient à mettre en pieces. Un des deux tomba bientôt à terre, assommé, autant que je pus voir, d'un coup de massue, ou décolé avec le tranchant d'un sabre de bois. A l'instant, trois de ses bourreaux se jeterent sur lui, ouvrirent son corps & en partagerent les morceaux pour leur infernale cuisine. L'autre victime étoit-là auprès, attendant que ce fût son tour à être immolé. Au moment qu'on l'alloit saisir, ce malheureux fit un effort. Il se trouva apparemment un peu plus libre, & la nature lui inspirant quelque espérance de sauver ses jours, il se prit à courir avec toute la vîtesse imaginable. Il venoit directement de mon côté, je veux dire, du côté du rivage qui conduisoit à mon habitation.

Je fus terriblement effrayé, je l'avoue. J'imaginois qu'il alloit être poursuivi par la troupe entiere, & je m'attendois qu'en cherchant

cherchant un asyle dans mon bocage, il alloit vérifier une partie de mon songe, malheureusement, je n'avois pas lieu de croire que le reste s'en vérifieroit aussi, & que ses ennemis ne l'y retrouveroient pas. Je demeurai néanmoins constamment dans le même endroit, où j'eus bientôt quelque sujet de me rassurer un peu. Il n'avoit que trois hommes après lui, & il gagnoit sur eux tant de terrein, qu'il y avoit tout à parier qu'il leur échapperoit, s'il soutenoit seulement sa course pendant une demi-heure.

Entre mon Château & lui, le rivage étoit coupé par une petite baye, où il devoit être nécessairement pris, à moins que de la passer à la nage. Mais il ne balança pas un instant ; & quoique la marée fût haute, il se jeta dans la baye, à corps perdu, gagna l'autre bord dans une trentaine d'élans tout au plus, & se remit à courir avec plus de force & de rapidité que jamais. Ses trois ennemis arriverent ; mais il n'y en eut que deux auxquels il plût de nager. Le troisieme s'arrêta quelque temps sur le bord, puis s'en retourna à petits pas vers le lieu du festin ; tandis que les deux autres mettoient à passer la baye, le double du temps qu'y avoit employé leur Prisonnier.

L

Je crus alors que l'occasion ne pouvoit être plus favorable, & qu'il ne tenoit qu'à moi de me procurer un compagnon, & de m'acquerir un domestique, en arrachant un malheureux à la mort. Dans cette persuasion, je descends précipitamment de mon rocher, je prends mes fusils ; je remonte avec la même ardeur, & je m'avance vers la mer. Je n'avois pas un chemin considérable à faire, & bientôt je fus en état de me jeter entre les deux poursuivants & le poursuivi. Je tâchois, par mes cris & par mes gestes, de faire entendre à ce dernier, qu'il pouvoit s'arrêter ; mais je crois qu'au commencement il me craignoit autant, pour le moins, que ceux auxquels il tâchoit de se soustraire. Cependant, je m'avançois sur eux à pas lents, & me jetant brusquement ensuite sur le premier, je l'assommai d'un coup de crosse. J'aimai mieux m'en défaire ainsi, que de tirer sur lui ; j'avois peur que les autres ne m'entendissent. Ils étoient pourtant à une grande distance ; & sans doute, ils n'auroient pu deviner ce que signifioit ce bruit qu'ils ne connoissoient pas ; mais il n'importe ; le plus sûr me parut le meilleur.

Quand le second vit tomber son camarade, il s'arrêta tout court, comme un homme épouvanté. Je continuai à marcher droit à sa rencontre ; mais en l'approchant de plus près, je vis qu'il étoit armé d'un arc, & qu'avec l'air de ne songer à rien, il y mettoit la flêche. Le choix des moyens ne m'étoit plus permis alors ; je previns mon homme, & je l'étendis à terre, roide mort du premier coup.

Quant au malheureux auquel j'avois fait signe de ne plus fuir ; quoiqu'il vît ses deux ennemis hors de combat, il étoit tellement consterné du bruit & du feu qui venoient de le frapper, qu'il demeura comme immobile : cependant, je remarquois dans son air égaré plus d'envie de s'éloigner encore, que de m'approcher. Je lui fis signe de nouveau de venir à moi ; il fit quelques pas, puis il s'arrêta. Il imaginoit sans doute qu'il étoit devenu prisonnier une seconde fois, & que sa vie n'alloit pas être plus ménagée, que celle de ses deux bourreaux. Enfin, après lui avoir fait entendre, pour la troisieme fois, qu'il pouvoit m'approcher sans rien craindre, & avoir mis dans mes gestes tout ce que je croyois de plus propre à animer sa confiance, il se hazarda à me croire ; mais il se jetoit à genoux à chaque dix ou douze pas ; & cependant, je lui sourjois aussi gratieusement qu'il m'étoit possible.

L ij

Arrivé auprès de moi, il se prosterna, il baisa la terre, & prit un de mes pieds qu'il posa sur sa tête. Sans doute, il vouloit me faire comprendre par ces actes de soumission, qu'il juroit de m'être toujours fidele, & qu'il me rendoit hommage en qualité de mon Esclave.

Tandis que je le relevois, en lui faisant mille caresses pour l'encourager de plus en plus, je vis que le premier Sauvage que j'avois fait tomber d'un coup de crosse, au lieu d'être mort, n'avoit été qu'étourdi. Je le lui fis remarquer, & là-dessus, il prononça quelques mots que je ne compris point, mais que je fus charmé d'entendre. C'étoit le premier son d'une voix humaine, qui dans l'espace de vingt-cinq années, avoit frappé mes oreilles.

Cependant, mon Sauvage avoit repris assez de forces pour se mettre sur son séant ; & la frayeur recommençoit à paroître dans l'air de mon Esclave. Mais aussi-tôt qu'il me vit prêt à lâcher mon second fusil sur ce malheureux, il regarda mon sabre, & me fit entendre par signes, qu'il souhaitoit que je le lui donnasse ; je le lui donnai. A peine il s'en fut emparé, qu'il se jeta sur son ennemi, auquel il trancha la tête d'un seul coup, aussi vîte & aussi adroitement que l'auroit pu faire le plus habile bourreau d'Allemagne. C'étoit pourtant la premiere fois qu'il voyoit une épée ; à moins qu'on ne veuille donner ce nom aux sabres de bois, qui sont les armes ordinaires de ces Peuples. Dans le fonds, ces sabres, comme je l'ai appris dans la suite, sont d'un bois très-dur & très-pesant ; & avec le secret qu'ils ont de les affiler, ils font voler d'un seul coup à leurs ennemis la tête de dessus les épaules.

CHAPITRE XIX.

Robinson donne un nom à son Esclave.

APRÈS cette expédition, mon Esclave revint à moi, sautant de joie, & riant aux éclats, pour célébrer son triomphe. Il me fit encore mille gestes dont j'ignorois le sens ; & il finit par mettre mon sabre & la tête du Sauvage à mes pieds.

La maniere dont j'avois tué l'autre Indien à une si grande distance, l'embarrassoit singulierement. Il me demanda la permission de l'aller voir. Quand il fut auprès, sa surprise augmenta. Il n'avoit pas assez d'yeux pour le regarder. Il le tournoit & le retournoit, tantôt d'un côté, tantôt de l'autre. Sur-tout, il examinoit la blessure que la balle lui avoit faite au milieu de la poitrine, & qui ne paroissoit pas avoir beaucoup saigné, parce que le sang s'étoit répandu en dedans. Après qu'il eut bien fait toutes ses observations, il revint me joindre avec l'arc & les flêches du mort; & moi qui craignois de m'exposer, en tenant plus long-temps la campagne, je lui fis signe de me suivre, en lui donnant à entendre que j'avois peur que les deux Sauvages morts ne nous amenassent bientôt sur les bras toute la troupe.

Il me fit signe alors que pour éviter qu'ils nous découvrissent, il alloit les enterrer; je le lui permis bien volontiers. Dans un instant, il eut creusé deux trous dans le sable, où il les enfouit l'un après l'autre. Je l'emmenai ensuite, non dans mon Château, mais dans la grotte que j'avois plus avant dans l'Isle; ce qui démentit mon songe, qui avoit donné mon bocage pour asyle à mon Esclave. Je lui donnai un morceau de pain, une grappe de raisins secs, & une bouteille d'eau, dont il avoit sur-tout un très-grand befoin, altéré comme il étoit par la fatigue d'une si longue & si rude course. Son repas expédié, je lui fis signe d'aller dormir, en lui montrant un tas de pailles de ris & une couverture qui me servoit assez souvent de lit à moi-même.

C'étoit un grand garçon bien découplé. Il avoit vingt-cinq ans à peu près, & il étoit pris, on ne peut mieux, dans sa taille. Tous ses membres, sans être fort gros, marquoient qu'il étoit adroit & robuste. Son air étoit mâle, sans aucun mélange de férocité ; on voyoit au contraire dans ses traits, sur-tout quand il sourioit, cette douceur & cet agrément, qui sont particuliers aux Européens. Ses cheveux étoient longs & noirs, son front étoit grand & élevé ; ses yeux étoient brillants & pleins de feu. Son teint n'étoit pas noir, il n'étoit que basané, & n'avoit rien de la couleur désagréable des habitants du Brézil & de la Virginie ; il avoit le visage rond, le nez bien fait, la bouche belle. Ses levres étoient minces, ses dents bien rangées & blanches comme de l'yvoire.

Après qu'il eut sommeillé, plutôt que dormi, pendant une demi-heure, il se réveilla, sortit de la grotte, & accourut me rejoindre. Mon enclos étoit près de-là, & j'y étois allé traire mes chevres. Il vint à moi en fautant, fe jeta à mes pieds, & fit tous les geftes dont il put s'avifer, pour me jurer qu'il vouloit s'affujettir à moi pour toujours. J'entendois la plupart de fes fignes, & je tâchai par les miens, de lui faire connoître à mon tour, que j'étois content de lui.

Dès que je pus lui parler, & qu'il fut en état de me répondre, ce qui ne tarda pas long-temps, car il avoit pour tout une aptitude & une facilité fingulieres, je lui appris d'abord qu'il s'appelleroit *Vendredi*, nom que je lui donnai en mémoire du jour où il étoit tombé en mon pouvoir. Je lui enfeignai encore à m'appeller *mon maître*, & à me dire à propos, *oui* & *non*. Enfuite, je lui donnai du lait dans un de mes pots de terre. J'en bus le premier, & j'y trempai mon pain. Il m'imita, & me fit figne que fon pain trempé dans du lait ne lui déplaifoit pas.

Je reftai avec lui toute la nuit fuivante dans ma grotte : mais dès que le jour eut reparu, je lui fis comprendre qu'il n'avoit qu'à me fuivre, & que j'allois lui donner des habits ; propofition à laquelle il fut fort fenfible, & qui lui fit un très-grand plaifir ; car il étoit abfolument nu.

En repaffant auprès de l'endroit où il avoit enterré les Sauvages, il me fit figne qu'il alloit les déterrer, & que nous les mangerions ensemble. Là-dessus, je me donnai l'air d'un homme fort en colere. Je lui exprimai l'horreur que j'avois d'une pareille pensée, en faisant les mêmes grimaces que si j'eusse été prêt de vomir. Lui ordonnant ensuite de ne pas s'arrêter davantage, ce qu'il fit dans le moment, & avec beaucoup de docilité ; je le menai avec moi au haut de la colline, pour voir de-là si nous n'avions plus rien à craindre de nos ennemis. Je ne découvris, par le moyen de mes lunettes, que la place où ils avoient été, sans appercevoir d'ailleurs, ni eux, ni leurs Bâtiments ; marque certaine qu'ils s'étoient rembarqués.

Cette découverte ne me satisfit cependant pas. Me trouvant plus de courage, & par conséquent plus de curiosité, je pris mon Esclave avec moi, je lui donnai un de mes mousquets ; j'en gardai deux moi-même, & armé d'ailleurs de mon épée, avec l'arc & les flêches sur le dos, je m'avançai vers le lieu du festin. L'horreur du spectacle glaça mon sang dans mes veines. Tout l'endroit étoit couvert d'ossements & de chair à moitié rougie. Je vis à terre trois cranes, cinq mains, les os de deux ou trois jambes & autant de pieds. *Vendredi* me fit entendre qu'ils avoient amené avec eux quatre Prisonniers, dont trois étoient mangés, lui-même étant le quatrieme. Je lui fis signe de ramasser tous ces restes en un monceau, & d'y mettre le feu. Cet ordre lui paroissoit dur; il obéit cependant, quoiqu'avec un peu de répugnance. Je voyois à travers sa soumission, que son estomac étoit avide de cette horrible nourriture; mais je lui marquois tant d'horreur pour cet appétit dénaturé, qu'il n'osoit plus le découvrir, dans la crainte que je ne le tuasse.

Nous retournames de-là dans mon Château, où je me mis à travailler à ses habits. Je lui donnai d'abord une paire de culotes de toile que j'avois trouvées dans le coffre d'un des Matelots, & qui changée un peu, lui alloit passablement bien. J'y ajoutai une veste de peaux de chevres; & comme j'étois devenu Tailleur dans les formes, je lui fis encore un bonnet de la peau d'un lievre, dont la façon n'étoit pas trop mauvaise. Il étoit ravi de se voir presque aussi brave que son Maître. Son air grotesque & ses manieres gênées dans ces habillements, auxquels il n'étoit point accoutumé, me réjouirent beaucoup les premiers jours. Ses culottes entr'autres, l'incommodoient fort, & les manches de sa veste lui faisoient mal aux épaules &

sous les bras. Mais tout cela étant un peu élargi dans les endroits nécessaires, lui devint au bout de quelque temps, aussi familier qu'à moi-même.

CHAPITRE XX.

Robinson instruit Vendredi.

IL s'agissoit maintenant de loger mon domestique, & ce point avoit ses difficultés. Il étoit naturel qu'il eût une habitation commode pour lui, aussi voulois-je lui donner toutes ses aises. Mais encore falloit-il que je m'y prisse de maniere à n'avoir rien à craindre pour moi. Je ne le connoissois point assez pour me fier à lui; & il étoit d'un pays qui me donnoit le droit d'appréhender qu'il ne fût assez méchant pour attenter quelque jour sur ma vie. Après une mure délibération, je ne trouvai point d'expédient plus sûr, que de lui bâtir une espece de hute entre mes deux retranchements. Toutes mes mesures étoient si bien combinées, qu'il ne pouvoit venir chez moi, malgré moi; & tous les soirs, j'emportois exactement de chez lui tout ce que j'y avois pu laisser d'armes offensives pendant le jour.

Heureusement, toute cette prudence n'étoit nullement nécessaire. Jamais homme n'eut un valet plus fidele, ni plus rempli de candeur & d'amour pour son maître. Il s'attachoit à moi avec une tendresse vraiment filiale. Il étoit sans fantaisies, sans opiniâtreté ; incapable du moindre emportement, & toujours prêt à sacrifier sa vie, pour sauver la mienne. Il m'en donna en peu de temps un si grand nombre de preuves, qu'il me fut impossible de douter de son mérite, & de l'inutilité de mes précautions à son égard. Les bonnes qualités que je remarquois en lui, faisoient naître dans mon esprit mille pensées embarrassantes. Je me disois : — Si dans ses sages desseins, le Dieu qui nous créa tous, a privé tant de malheureux du véritable usage de leurs facultés naturelles, il leur a pourtant accordé les mêmes principes de raisonnement, les mêmes désirs, les mêmes sentiments de reconnoissance, la même sincérité, la même fidélité, qu'aux autres hommes ! Avec quelle rapidité ces infortunés nous égalent, dès qu'on leur fait appercevoir l'excellence de leur nature ! —

Ces réflexions me rendoient mélancolique. Ne pouvant comprendre pourquoi tant de millions d'ames n'avoient aucun des secours qui nous étoient prodigués, eux qui sans doute en auroient fait un bien meilleur usage que nous, je m'égarois quelquefois assez dans mes idées, pour m'en prendre à la souveraineté de Dieu même. J'osois l'accuser, parce que je ne trouvois aucun moyen de concilier avec sa justice, cette disposition arbitraire de sa providence — Mais enfin, m'écriai-je, en revenant à moi-même, ne sommes-nous pas comme l'argile entre les mains du Potier? Celui qui nous crée, n'est-il pas le maître de nous créer à son gré? Aucun Vaisseau a-t-il droit de lui dire: *Pourquoi m'avez-vous fait ainsi?* —

Pour revenir à mon nouveau compagnon, j'étois chaque jour plus content & plus enchanté de lui. Je me faisois une affaire importante de l'instruire, & sur-tout de lui apprendre à parler. C'étoit le meilleur & le plus docile écolier du monde. Quand il pouvoit m'entendre, ou faire en sorte que je l'entendisse, il étoit si gai, & sa gaieté étoit si vraie, si naïve, qu'il me faisoit trouver un plaisir piquant dans nos conversations. Mes jours s'écouloient alors dans une douce tranquillité; tous mes vœux étoient remplis, il ne manquoit plus rien à mon cœur; & pourvu que les Sauvages me laissassent en paix, j'étois content de finir ma vie dans mon Isle, entre les bras de mon fidele Esclave.

Cependant, je voulois le détourner de son appétit Cannibale. Dans cette vue, je le conduisis un matin dans le bois où étoient mes chevres; j'avois dessein de tuer un de mes propres chevreaux pour l'en régaler. A l'entrée de mon enclos, je découvris par hazard une chevre femelle, couchée à l'ombre & accompagnée de ses deux petits. Là-dessus, j'arrêtai mon Esclave, & lui faisant signe de ne point bouger, je tire en même-temps un des deux chevreaux. Le pauvre garçon, qui m'avoit vu tuer de loin un de ses ennemis, sans y rien comprendre, épouvanté de nouveau, trembloit comme la feuille. Sans tourner les yeux du côté de l'animal pour voir si je l'avois tué ou non, il ne songea qu'à ouvrir sa veste, pour examiner s'il n'étoit pas blessé lui-même. Il croyoit sans doute que j'avois résolu de me défaire de lui. Pour m'attendrir, il vint, les larmes aux yeux, se jeter à mes pieds; il embrassa mes genoux, & me tint un fort long discours où je ne compris rien, sinon qu'il me supplioit de ne lui point ôter la vie.

De mon côté, pour le désabuser, je le pris en souriant par la main, & lui montrant le chevreau du doigt, je lui fis signe de l'aller chercher. Il y fut ; tandis qu'il s'occupoit à chercher comment cet animal avoit été tué, je rechargeai mon fusil ; & dans le même moment, appercevant un oiseau, que je pris d'abord pour un oiseau de proie, mais qui à la fin se trouva être un perroquet, j'appelle mon Esclave, & je veux lui faire entendre par tous les signes les plus expressifs que je peux imaginer, que mon projet est d'abbattre l'oiseau. Malgré toutes mes précautions, il fut aussi effrayé que la premiere fois, & ne m'ayant rien vu mettre dans mon fusil, il le regarda comme une source inépuisable de destruction. Il n'osoit y toucher ; mais dès qu'il voyoit tourner ailleurs mes regards, il lui parloit, &, comme il me l'a raconté lui-même dans la suite, il le conjuroit de vouloir bien ne pas le tuer.

Aussi-tôt qu'il fut un peu remis de sa frayeur, je lui fis signe d'aller chercher l'oiseau. Il fut quelque temps à le trouver, parce que l'animal, qui n'étoit pas tout-à-fait mort du coup, s'étoit traîné loin de-là. Je pris ce moment pour recharger mon fusil, sans qu'il en pût rien voir. Il revint bientôt après ; mais ne trouvant plus l'occasion de l'étonner encore, je repris avec lui, le chemin de mon Château.

Le même soir, je coupai mon chevreau en pièces; j'en mis quelques morceaux au pot, ils y étuverent, j'en fis un bouillon, & je donnai une partie de cette viande ainsi préparée, à mon valet. A peine il osoit d'abord en manger sur mon exemple; mais il finit par la trouver excellente. Ce qui lui paroissoit sur-tout fort étrange, c'est que je mangeois du sel avec mon bouilli; le pauvre garçon, croyant que je risquois à me faire mal, en prit avec empressement quelques grains dans sa bouche, fit des contorsions horribles en les crachant, & courut se laver avec de l'eau fraiche. Je me hâtai de lui rendre toutes ses grimaces, en prenant une bouchée de viande sans sel ; mais j'eus beau faire, je ne l'engageai point à m'imiter, & il fut même très-long-temps avant que de s'accoûtumer à rien manger de salé.

Le lendemain, je voulus lui servir un plat de rôti ; ce qui ne m'étoit point difficile, car il ne m'en coûtoit que d'attacher un morceau de viande à un bout de ficelle devant ma cheminée. Il trouva ce ragoût si délicieux, qu'il me jura par signes, que de sa vie, il ne mangeroit de chair humaine. C'étoit le point où je voulois l'amener, & je me félicitai d'y avoir si-tôt réussi. Je lui montrai ensuite comment je m'y prenois moi-même, pour battre & pour vanner mon bled ; en deux leçons, il devint en cette partie, aussi habile, & plus habile que moi. Il apprit à faire du pain avec la même facilité. En un mot, en peu de jours d'apprentissage, il fut en état de m'aider, & de me servir de toutes les manieres.

J'avois actuellement deux bouches à nourrir ; conséquemment il me falloit une quantité plus raisonnable de grains que par le passé. Je choisis donc un champ plus étendu, & je me mis à l'enclore, comme j'avois fait mes autres terres. *Vendredi* me secondoit avec une adresse, une diligence & un plaisir incroyables ; il sentoit que je n'augmentois mes provisions, que pour être plus en état de les partager avec lui. Cette année est la plus agréable que j'aye passé dans mon Isle. *Vendredi* commençoit à parler fort joliment ; il savoit déja le nom des choses dont j'avois besoin, & celui des lieux où j'avois à l'envoyer. Ma langue m'avoit été vingt-cinq ans inutile, au-moins par rapport au discours, & *Vendredi* m'en rendoit l'usage.

Au reste, sa conversation n'étoit pas le seul endroit par où il me plût. Sa probité me charmoit tous les jours davantage, je commençois à l'aimer avec passion, voyant augmenter & s'accroître chaque jour pour moi, son attachement & sa tendresse.

CHAPITRE XXI.

Religion de Vendredi.

MON Esclave m'occupoit, & comme à l'aide de quelques signes, il en savoit à peu près assez pour m'entendre & pour me répondre ; après qu'il m'eut raconté que sa Nation avoit presque toujours l'avantage sur ses ennemis ; que lui-même étoit venu plusieurs fois dans mon Isle : qu'une fois entr'autres, il y avoit aidé à manger vingt hommes, deux femmes & un enfant ; que son pays avoit été jadis très-peuplé ; mais qu'il y avoit *bien loin derriere la lune*, des hommes blancs & barbus comme moi, qui avoient tué *un grand beaucoup hommes* ; ce que j'expliquai des Espagnols dont les cruautés se sont répandues partout dans ces contrées, & que les habitants du lieu détestent par tradition : après, dis-je, qu'il m'eut satisfait de son mieux sur tous ces points, je lui demandai un jour qui l'avoit fait ?

Le pauvre garçon, qui ne me comprit pas, crut que je lui demandois qui étoit son pere. Je fus donc obligé de donner un autre tour à ma question, & je lui demandai qui avoit fait la mer, la terre, les collines & les forêts ?

Il me répondit que c'étoit un Vieillard nommé *Bénakmukée*, qui survivoit à toutes choses, & qui étoit fort âgé, plus âgé que la mer, la lune & les étoiles.

— Mais, lui demandai-je encore, puisque *Bénakmukée* a fait toutes choses, pourquoi toutes choses ne l'adorent-elles pas ?
— Il me répondit avec un air de simplicité, que toutes les créatures lui disoient: *Oh !* c'est-à-dire, que toutes les créatures lui rendoient hommage. Mais lui dis-je, où vont les gens de votre pays après leur mort ? Chez *Bénakmuchée*, me repliqua-t-il. — Et ceux que vous mangez ? — Chez *Bénakmukée*. —

L'occasion ne pouvoit être plus favorable, pour lui donner quelque notion du vrai Dieu. Je lui dis que le Créateur de tous les êtres vivoit dans le Ciel, qu'il gouvernoit tout, qu'il étoit tout puissant; capable de faire tout pour nous, de nous donner tout, de nous ôter tout ; que c'étoit à lui seul que nous devions nous adreſſer, & que du haut de ſon trône, il entendoit nos prieres.

Là-deſſus il me répondit que ſi notre Dieu nous entendoit, quoiqu'il demeurât au-delà du ſoleil, il falloit que ce fût un plus grand Dieu que leur *Benakmukée*, qui n'étoit pas ſi éloigné d'eux, & qui ne pouvoit cependant point les entendre, à moins qu'ils n'allaſſent lui parler ſur les hautes montagnes où il avoit ſa demeure. —— Avez-vous été quelquefois ſur ces hautes montagnes, lui dis-je, pour avoir une pareille conférence ? Il me répondit que les jeunes gens n'y alloient jamais, & que ce privilege étoit réſervé aux *Ookakée* ſeuls, qui lui vont dire : *Oh !* & qui rapportent ſa réponſe au Peuple. Par les *Ookakée*, il entendoit certains vieillards qui leur tiennent lieu de Prêtres.

Je fis tous mes efforts pour donner à mon Sauvage une idée juſte de Dieu & de ſes attributs, de la création de l'homme, & des récompenſes, ainſi que des peines éternelles qui l'attendoient après ſa mort.

C'eſt ainſi que je paſſai trois années entieres parfaitement heureux, s'il eſt une ſituation où l'homme puiſſe l'être dans cette vie. *Vendredi* étoit auſſi bon Chrétien que moi, & peut-être meilleur. Je m'appliquois sans relâche à l'initier dans les mysteres de notre Foi; & lui-même aiguisant mon esprit à son tour, par ses demandes sensées, me rendoit dans les vérités que je lui enseignois, plus habile & plus savant, que je ne l'aurois jamais été sans lui.

CHAPITRE XXII.

Vendredi fait un nouveau Canot.

DÈSQUE *Vendredi* fut instruit de sa Religion, ou pour mieux dire, dès que je lui en eus appris ce que j'en savois moi-même, je lui fis le récit, sinon de toutes mes aventures, au-moins de celles qui avoient quelque relation & avec mon séjour dans l'Isle, & avec la maniere dont j'y avois vécu. Ensuite je lui expliquai ce que c'étoit que la poudre, & je lui appris à tirer. Je lui donnai même un couteau, ce qui lui plut infiniment. Je lui fis un ceinturon avec une gaine suspendue, comme celles où l'on met les couteaux de chasse, mais appropriée pour y mettre une hâche dont nous avions un bien plus grand besoin.

Je lui parlai de l'Europe. Je lui dépeignis notre maniere de vivre; je lui détaillai nos coutumes, nos loix, & le commerce que nous faisions dans tout l'Univers par le moyen de nos Vaisseaux. Il m'écoutoit avec l'étonnement & la surprise d'un homme qui n'a nulle idée des choses dont on l'instruit. Mais lorsque je lui fis remarquer les restes de la chaloupe que nous avions perdue, en faisant naufrage, il ouvrit de grands yeux, & rêva profondement. Je lui en demandai le sujet; il me répondit: — *Moi, voir telle chaloupe ainsi chez ma Nation.*

Je demeurai, je l'avoue, quelque temps sans le comprendre; mais enfin, je me persuadai qu'une chaloupe semblable à la mienne avoit été portée par la tempête sur le rivage de sa Nation. J'en conclus qu'apparemment quelque Vaisseau Européen avoit fait naufrage sur ces côtes; & que sans doute les vents en ayant détaché la chaloupe, l'avoient portée sur le sable. Comme la nôtre ne nous avoit point sauvés, je ne songeois seulement pas que celle-ci eût pu sauver personne; tant il est vrai que nous ne pensons aux autres, que rélativement à nous-mêmes, & que nous ne soupçonnons pas qu'ils puissent avoir un bonheur que nous n'avons point eu!

J'avois dit à mon Sauvage de me faire la description de la chaloupe dont il me parloit, & il me fit entrer tout-à-fait dans sa premiere pensée, en ajoutant à la fin de sa narration : — *Nous sauver les blancs hommes de noyer.* — Il y avoit donc quelques hommes blancs dans cette chaloupe, lui demandai-je, aussi-tôt ? — *Oui,* me répondit-il, *la chaloupe pleine d'hommes blancs.* — Et en comptant par ses doigts, il me fit entendre qu'il y en avoit eu jusqu'à dix-sept, & qu'ils demeuroient chez sa Nation.

J'imaginai que c'étoient les malheureux qui avoient échoué à la vue de mon Isle, & qui se croyant perdus sans aucune ressource, quand leur Bâtiment avoit donné contre les rochers, s'étoient jetés, à la grace de Dieu, dans leurs barques, & avoient abordé sur les côtes des Sauvages. Je lui demandai donc avec plus d'exactitude, ce que ces gens étoient devenus ! Et il m'assura qu'ils étoient encore chez sa Nation, où ils subsistoient depuis quatre ans, des vivres qu'elle leur avoit fournis. — Mais, repris-je, pourquoi n'ont-ils point été mangés ? — *Ils firent frere avec nous,* me repliqua-t-il, *non manger hommes que quand la guerre fait battre.*

Assez long-temps après, il arriva qu'étant

au haut d'une colline, d'où l'on pouvoit découvrir le Continent de l'Afrique, il se mit à sauter & à s'écrier tout extasié : — *Ô joie ! ô plaisant ! Là, voir mon pays ! Là, ma Nation !* — Je crus lire dans le feu de ses regards, un désir violent de retourner dans sa patrie, & cette découverte me donna les plus vives inquiétudes sur son compte. Je ne doutai point qu'il ne fût prêt à saisir la premiere occasion ; je craignis même qu'il ne fût capable de me découvrir à ses compatriotes, & d'en emmener quelque centaine avec lui dans l'Isle, pour les régaler de ma chair. Mais je faisois grand tort au pauvre garçon : plus je voulois pénétrer les desseins dont je le soupçonnois, plus je trouvois de candeur & de probité dans ses réponses. Il ne s'appercevoit seulement pas que mes manieres étoient changées à son égard ; preuve bien simple & bien certaine en même-temps, qu'il ne cherchoit rien moins qu'à me tromper.

Nous étions un jour sur la même colline dont j'ai déja parlé : — Eh bien, *Vendredi*, lui dis-je, vous voir votre pays ; n'auriez-vous point envie d'y retourner, & d'aller vivre au milieu de votre Nation ? Il me répondit en souriant, qu'il n'avoit pas assez de forces pour nager jusques là.

Je lui promis de lui conſtruire un canot, & il me dit alors qu'il le vouloit bien, pourvu que je fuſſe de la partie. Comme cette propoſition lui paroiſſoit ne pas me déplaire, il m'aſſura que bien loin de me manger, ſes compatriotes feroient au contraire un très-grand cas de moi, quand il leur auroit conté que je lui avois ſauvé la vie, & que j'avois tué ſes ennemis. Il me fit même, pour m'engager mieux à le croire, un long détail de toutes les bontés qu'avoit ſa Nation pour les hommes barbus que la tempête avoit jeté ſur leur rivage.

De ce moment, au lieu de conſerver encore aucun ſoupçon ſur mon Eſclave, je pris la réſolution de m'embarquer avec lui ſur ſa parole, pour aller rejoindre les étrangers dont il m'avoit entretenu, & qui devoient être ſelon moi, ou des Eſpagnols, ou des Portugais. Je ne doutois point que je ne regagnaſſe bientôt ma patrie, ſi j'avois une fois le bonheur de me trouver ſur le Continent avec une compagnie ſi nombreuſe; & il s'en falloit bien que je puſſe raiſonnablement me flatter de la même eſpérance, en demeurant toujours dans une Iſle déſerte, & qui étoit éloignée de plus de quarante lieues de la terre ferme. Dans cette vue, je menai *Vendredi*

M

de l'autre côté de mon Isle, pour, lui faire voir ma chaloupe. Je la tirai de l'eau, sous laquelle je la conservois ; je la mis à flot, & nous y entrâmes tous deux. Il la manioit avec tant d'adresse & de force, qu'elle faisoit entre ses mains, le double du chemin que je lui faisois faire.

— Eh bien, *Vendredi*, lui dis-je, qu'en pensez-vous ? Nous en irons-nous chez votre Nation ? — Cette demande l'étonna, & il craignit que notre barque ne fût trop foible pour un si long voyage. Je lui montrai donc celle que je m'étois bâtie autrefois, & qui demeurée à sec pendant vingt-trois ans, étoit fendue de tous côtés, & presque entierement pourrie. Il me fit entendre alors que ce Bâtiment étoit grand de reste, & qu'il ne tiendroit qu'à nous de passer la mer dans un semblable, avec toutes les provisions qui nous étoient nécessaires.

Déterminé à exécuter mon dessein, je lui dis, sans toutefois lui parler de moi, que nous allions en faire un de cette grandeur-là, pour qu'il pût s'en retourner chez lui. Mais à cette proposition, il baissa la tête d'un air fort chagrin, sans me répondre un seul mot. Je lui demandai la raison de son silence ; il me répondit d'un ton pénétré : — *Pourquoi vous en colere contre Vendredi ! Quoi, moi faire contre vous !* — Vous-vous trompez, lui dis-je, je ne suis point du tout en colere. — *Point colere*, repliqua-t-il, en répétant plusieurs fois les mêmes paroles, *point colere ! Pourquoi donc envoyer Vendredi auprès ma Nation ?* — Ne m'avez-vous pas dit, repris-je, que vous souhaitiez d'y être ? — *Oui*, me repartit-il, *souhaiter tous deux, là ; non Vendredi là, & point maître là.* — Je suis pourtant d'avis que vous y alliez sans moi, lui répétai-je. — Il ne me répondit plus rien ; mais il courut à une de mes haches, qu'il portoit d'ordinaire, & en me la présentant : — *Vous prendre*, me cria-t-il, les larmes aux yeux, *vous tuer Vendredi ; non, envoyer Vendredi chez ma Nation !* Il prononça ces mots d'un ton si pénétré, que pour le calmer, je lui promis bien vîte de ne le renvoyer jamais contre son gré.

Sa tendresse pour moi ne lui permettoit pas de me quitter, & son amour pour ses compatriotes étoit le louable motif qui lui faisoit désirer de me conduire avec lui dans sa patrie ; il croyoit que mes instructions leur seroient utiles. Mes vues à moi n'étoient pas si pures ; je ne songeois qu'à joindre les hommes barbus ; & sans différer davantage, je me mis à

M ij

chercher un grand arbre dont je puſſe faire un canot. Il y en avoit aſſez dans mon Iſle, mais j'en voulois un qui fût près de la mer, afin de pouvoir l'y lancer avec moins de peine. Mon Sauvage eut bientôt trouvé ce que je cherchois. Quand ſon arbre fut à bas, il ſe diſpoſoit à le brûler en dedans; mais lorſque je lui eus appris la maniere de creuſer le bois avec des coins de fer, il s'y prit fort adroitement; & après un mois de travail, ſon ouvrage fut achevé. Nous lui donnames en dehors à coups de haches, la véritable tournure d'une chaloupe : & nous fumes enſuite quinze jours à la mettre à l'eau, pouce après pouce, par le moyen de quelques rouleaux.

J'étois ſurpris de l'adreſſe de *Vendredi* à la manier & à la tourner dans tous les ſens, quelque grande qu'elle fût. Je lui demandai ſi la prudence nous permettoit de hazarder le paſſage dedans ; & il m'aſſura que nous n'aurions rien à appréhender, même dans un grand vent. J'avois cependant encore un deſſein que je ne lui diſois pas, c'étoit d'ajouter à notre Bâtiment un mât, une voile, une ancre & un cable. Pour cet effet, je choiſis un jeune Cedre fort droit que je lui fis abbattre, tandis que de mon côté, je m'occupois à rapetasser une voile. Il m'en restoit un bon nombre de vieilles, mais comme je les avois laissées-là pendant vingt-six ans, je craignois qu'elles ne fussent hors d'état de me servir. J'en trouvai pourtant deux ou trois lambeaux passablement bons ; je les assemblai, & après la fatigue d'une couture très-longue & très-pénible, faute d'éguilles, je m'ajustai une voile triangulaire, semblable à celle qui m'avoit aidé à me sauver de Barbarie. Je passai de-là à mon gouvernail, qui, par parenthese, me couta seul presque autant que la barque.

Il s'agissoit maintenant d'apprendre la manœuvre à mon Sauvage. Il savoit parfaitement bien faire avancer un canot à force de rames ; mais il n'entendoit rien au maniement d'une voile & d'un gouvernail. Il étoit d'un étonnement inexprimable, en me voyant tourner sans effort & virer ma barque à ma fantaisie. Il regardoit mes voiles changer, & ne concevoit pas qu'elles s'enflassent exactement du côté où je voulois faire cours. Pour un peu, il les eût priées de nous conduire, comme il avoit autrefois prié mon fusil de ne pas le tuer.

J'étois alors dans la vingt-septieme année de mon exil, si pourtant il m'est permis de donner ce nom aux trois dernieres années, pendant lesquelles j'avois joui de la compagnie & des vertus de mon fidele Sauvage. Je continuois toujours de célébrer l'anniverfaire de mon débarquement. Ma reconnoiffance même étoit doublée par les nouveaux bienfaits dont je me voyois comblé ; & fur-tout par l'efpérance prochaine de ma liberté. En effet, j'étois perfuadé que l'année ne fe pafferoit point, fans que je viffe mes vœux accomplis.

Cette perfuafion pourtant, quelque gravée qu'elle fût dans mon efprit, ne me faifoit rien négliger de mon économie & de mes travaux ordinaires. J'avois tant fouffert, que je me défiois de tout, & que je ne regardois comme inutile, aucune des précautions que je pouvois prendre. Je rémuois la terre avec le même foin qu'auparavant ; je plantois, je faifois des enclos, je féchois ma provifion de raifins ; en un mot, je me comportois comme fi j'euffe du finir mes jours dans mon Ifle.

CHAPITRE XXIII.

Des Canots arrivent.

La saison pluvieuse approchoit, & j'allois être obligé de garder la maison. Pour n'être point pris au dépourvu, nous commençames de bonne heure, par mettre en lieu sûr le Bâtiment sur lequel étoit fondée ma plus chere espérance. Il étoit dans la petite baye dont j'ai parlé plusieurs fois ; nous le tirames de-là sur le rivage, pendant la haute marée ; & *Vendredi* lui creusa un petit chantier où il pût être à flot, & où l'eau de la mer ne pénétrât point malgré nous. Nous le couvrîmes d'ailleurs de tant de branches d'arbres, qu'un toit de chaume ne l'eût pas mieux garanti de la pluie. Toutes ces précautions prises, occupés, mon Esclave & moi, dans l'intérieur de mon Château, nous attendimes le mois de Novembre, qui étoit celui que j'avois déterminé pour mon départ.

Mon désir s'affermit encore avec le retour du beau temps ; & je ne songeois plus qu'à tout préparer pour mon voyage, rassemblant sur-tout mes provisions, car j'étois résolu de me mettre en mer dans une quinzaine de jours.

M iv

Un matin, tandis que je travaillois à nos préparatifs, *Vendredi* s'étoit échappé un inſtant pour aller nous chercher une tortue. Il venoit de partir, je le vois revenir à toutes jambes; il vole par-deſſus mon retranchement extérieur, ſes pieds ne touchoient point à terre; & ſans me donner le temps de l'interroger, il s'écrie, en tombant de fraieur ſur une de mes corbeilles: —— *O Maître! Maître! O douleur! O mauvais!* —— Qu'y a-t-il, *Vendredi*, lui dis-je? —— *Oh!* répond-il, *là-bas, un, deux, trois canots! Un, deux, trois!* —— J'avois beau vouloir le raſſurer; il continuoit toujours d'être dans des tranſes mortelles. Le pauvre garçon ſe perſuadoit que les Sauvages étoient revenus exprès pour le mettre en pieces & pour le dévorer. —— Courage, mon cher *Vendredi*, lui dis-je, ne ſuis-je pas dans un auſſi grand danger que toi? Et crois-tu, ſi les Sauvages nous ſurprenoient l'un & l'autre, qu'ils épargneroient plus ma chair que la tienne? Ecoute-moi, mon enfant: ſais-tu te battre? —— *Moi tirer*, me repliqua-t-il, *mais venir là pluſieurs grand nombre!* —— Ce n'eſt pas une affaire, lui répondis-je; nos armes à feu effrayeront du moins tous ceux qu'elles ne tueront pas. Ecoute: je ſuis réſolu de hazarder ma vie pour conſerver la tienne, pourvu que tu m'en promettes autant de ton côté. Vois si tu te sens en état de suivre exactement mes ordres ? — *Oui*, me répondit-il, en se relevant : *Moi mourir, quand mon Maître ordonne mourir.*

Là-dessus, après lui avoir fait boire une dose raisonnable de mon *Rum*, pour lui fortifier le cœur, je lui donnai mes deux fusils de chasse, chargés de la plus grosse dragée. Je pris moi-même quatre mousquets, dans chacun desquels je mis deux clous & cinq petites balles. Je chargeai mes pistolets à proportion ; & armé de mon sabre, j'ordonnai à *Vendredi* de prendre sa hache.

Dès que nous fumes au haut de la colline, je pris ma lunette pour voir ce qui se passoit sur le rivage. Nos ennemis étoient au nombre de vingt-un ; ils étoient venus dans trois canots ; & il y avoit-là trois prisonniers, avec la chair desquels ils se préparoient à célébrer le festin de triomphe. Ils n'étoient point débarqués dans l'endroit où *Vendredi* leur étoit échappé, mais beaucoup plus près de ma petite baye, dans un lieu où le rivage étoit bas, & où un bois épais s'étendoit presque jusqu'à la mer.

Cette découverte m'anima d'un nouveau courage, & me retournant fierement

M v

vers mon Esclave : — Les voilà, lui dis-je, & je suis déterminé à les tuer tous, si tu l'es toi-même à me seconder avec vigueur. Sa peur étoit passée, & le *Rum* avoit mis ses esprits en mouvement. Il parût plein de feu, & me répéta d'un ton ferme : — *Moi mourir, quand vous ordonne mourir.*

Pour mettre à profit ce moment de noble fureur, je partageai les armes entre nous deux, & nous nous mîmes en marche. Cependant les réflexions que je faisois en chemin, avoient déja ralenti beaucoup ma premiere vivacité. Le nombre de mes ennemis ne m'effrayoit pas. Ils étoient nus, & armés comme nous l'étions, *Vendredi*, & moi, nous étions certainement plus forts qu'eux. Mais les mêmes raisons qui m'avoient donné autrefois tant d'horreur pour un pareil massacre, faisoient encore les mêmes impressions sur mon esprit. — Où sont donc mes droits, me disois-je à moi même ? Et qui me justifiera de tremper mes mains dans le sang d'un Peuple qui ne m'offensa jamais ? Il est barbare ! Eh bien, ses coutumes sanguinaires ne suffisent-elles pas à son malheur ?

Plein de cette pensée, je renonçai à mon premier projet; & me contentant d'approcher seulement d'eux, pour les examiner, j'entrai dans le bois avec tout le silence & toute la précaution possibles. *Vendredi* me suivoit, imitant scrupuleusement mon exemple, & avançant toujours sur mes pas jusqu'à ce qu'il n'y eût plus qu'une petite pointe du bois entre eux & nous. Appercevant alors un arbre fort élevé, je lui fis signe d'y monter, pour mieux observer de-là à quoi s'occupoient les Sauvages. Il obéit & presque aussi-tôt descendu que monté, il vint me rapporter qu'ils étoient tous autour de leur feu, se régalant de la chair d'un de leurs Prisonniers, tandisqu'à quelques pas de-là, il y en avoit un autre lié & garoté, tout prêt d'avoir le même sort ; que ce dernier n'étoit pas de leur Nation, mais un de ces hommes barbus qui s'étoient sauvés dans leur pays, avec une chaloupe.

Ce rapport, & sur-tout la particularité du Prisonnier barbu, ranima toute ma fureur. Je m'avançai vers l'arbre moi-même, & je vis très-distinctement un homme blanc couché sur le sable, les mains & les pieds garrotés. Ses habits ne me laisserent pas douter un moment que ce ne fût un Européen.

CHAPITRE XXIV.

Robinson fait feu sur les Sauvages.

IL y avoit un autre arbre revêtu d'un buisson, & de cinquante verges plus près des Sauvages, que celui au haut duquel nous étions montés. En y parvenant sans être apperçus, nous devions avoir nos ennemis à la demi-portée du fusil, environ. Ma rage étoit montée à son plus haut point. Je la maîtrisai toutefois pour quelque moment, & me glissant derriere des broussailles, je parvins heureusement jusqu'au pied de mon arbre. Il y avoit auprès une petite éminence ; j'y montai, & de-là, il me fut aisé de voir l'état des choses. Je n'avois pas un instant à perdre : Dix-neuf de mes Barbares étoient rangés autour de leur feu, attendant que les deux autres leur apportassent l'infortuné Chrétien membre à membre. Déja ces impitoyables Bourreaux étoient occupés à lui délier les pieds, lors qu'animant mon Esclave du geste & de la voix : — Allons, *Vendredi*, lui dis-je, imite-moi. — Je posai aussi-tôt à terre un de mes fusils de chasse, & un de mes mousquets ; il en fit autant. Je couchai ensuite avec mon autre mousquet, nos adversaires en joue ; & il les coucha de même : — Es-tu prêt lui dis-je ? *Oui, Maître*, me répondit-il ; — & en même temps, nous fîmes feu l'un & l'autre.

J'avois appris l'art de tirer à mon second, mais il m'avoit de beaucoup surpassé. Je ne blessai que deux de nos ennemis, & je n'en tuai qu'un seul ; au lieu qu'il en tua deux & en blessa trois. On peut juger de quel effroi fut saisi le reste. Tout ce qui n'avoit point été atteint, se leva précipitamment, & sans savoir de quel côté prendre la fuite, ni comment éviter un danger dont la source leur étoit inconnue. Cependant, les yeux toujours attachés sur moi, *Vendredi* observoit tous mes mouvements. Je jetai mon mousquet, pour prendre mon fusil de chasse ; & quand j'eus couché en joue ; — Es-tu prêt, lui demandai-je encore ? — *Oui*, me répondit-il. — Feu donc, ajoutai-je ; — & nous tirâmes une seconde fois parmi la troupe épouvantée. Nous n'en renversâmes que deux du coup ; mais il y en avoit tant de blessés, que nous les voyions courir çà & là avec effort, & couverts de sang, & qu'un moment après, il en tomba encore trois à demi-morts.

Je me saisis de mon second mousquet alors, & j'ordonnai à *Vendredi* de me suivre. J'admirois son intrépidité. Nous sortimes brusquement du bois ; & jetant un cri épouvantable, dès que nous fumes découverts, je courus autant que la pesanteur de mes armes pouvoit me le permettre, vers la pauvre victime étendue sur le sable, entre le lieu du festin & la mer ; tandisque j'envoyai *Vendredi* à la poursuite de ses deux bourreaux, qui ayant pris la fuite, au bruit de notre premiere décharge, s'étoient sauvés dans un de leurs canots, suivis de trois de leurs compagnons. Il fit feu sur eux, & en les voyant tomber les uns sur les autres, je crus d'abord qu'il les avoit tués tous cinq ; mais l'instant d'après, j'en revis deux sur pied. Il en avoit pourtant étendu deux sur la place, & blessé si grievement un troisieme, qu'il resta comme mort, au fonds de la barque.

Dans le temps que *Vendredi* s'acharnoit ainsi à la destruction de ses anciens compatriotes, je m'occupois moi à délier leur malheureux Prisonnier, que je mis sur son séant, & auquel je donnai ma bouteille, en l'aidant à la porter à sa bouche. Dès qu'il eut repris ses sens, il me fit entendre qu'il étoit originaire d'Espagne, & il alloit se répandre en actions de graces; mais rassemblant tout l'Espagnol que je pus : — *Segnor*, lui dis-je, en l'interrompant, nous en parlerons une autre fois ; maintenant il faut combattre. S'il vous reste quelque force, prenez ce pistolet & ce sabre, & faites-en bon usage. — Il sembloit que mes armes lui eussent redonné toute sa vigueur. Il se précipita dans le même moment, sur ses ennemis ; & dans un tour de main, il en eut depêché deux à coups de sabre. Il est vrai que les pauvres gens ne se défendirent gueres. Ils étoient si effrayés du bruit de nos fusils, qu'ils n'étoient pas plus en état de songer à leur conservation, que leur chair n'avoit été capable de résister à nos balles.

Je tenois toujours mon dernier fusil à la main, sans le tirer, dans la crainte d'être pris au dépourvu, l'Espagnol ayant mon pistolet & mon sabre, c'étoit tout ce qui me restoit pour me défendre. J'ordonnai cependant à *Vendredi* d'aller chercher nos armes déchargées, ce qu'il fit avec une rapidité incroyable. Tandis que je les rechargeois je fus témoin d'un combat très-vigoureux entre l'Espagnol & un des Sauvages qui étoit allé sur lui avec un de ces sabres de bois, destinés à lui ôter la vie, si je ne m'y étois opposé. L'Espagnol qui, bien que foible, étoit aussi brave & aussi hardi qu'il est possible de l'être, avoit déja combattu l'Indien pendant quelque temps ; il lui avoit même déja fait deux blessures à la tête. Mais l'autre le saisissant par le milieu du corps, le terrasse, & lui veut arracher mon sabre des mains. Dans cette extrêmité, l'Espagnol ne perdit point son sang-froid ; il quitte sagement le sabre, & mettant la main au pistolet, il tue sur le champ son ennemi.

Vendredi n'étoit plus à portée de recevoir mes ordres ; & se voyant en liberté, il poursuivit les autres Sauvages à coups de hache. Il en expédia d'abord trois de ceux qui avoient été jetés à terre par nos décharges, & ensuite tous les autres qu'il put attraper. De son côté, l'Espagnol prit mon fusil & en blessa deux ; mais il n'eut pas la force de courir assez vîte pour les atteindre, & ils se sauverent dans les bois, où *Vendredi* en tua un. Le second, qui lui échappa, gagna le rivage, & se jetant à corps perdu dans la mer, rejoignit le canot dans lequel étoient trois de ses camarades, dont un, comme je l'ai déja dit, étoit blessé.

Ces quatre furent les seuls qui nous échapperent. Ils avançoient à force de rames, pour se mettre hors de la portée du fusil ; nous faisions néanmoins feu sur eux, mais inutilement. *Vendredi* nous conseilloit de démarer un de leurs canots & de leur donner la chasse. Son avis étoit excellent ; car il étoit à craindre en effet que sur le récit de leur aventure, leurs compatriotes ne vinssent avec une centaine de barques, pour nous accabler par leur nombre. Mais un nouvel incident nous fit oublier ce projet.

Je trouvai dans le canot où je m'embarquois, un troisieme Prisonnier, garrotté de la même maniere que l'avoit été l'Espagnol, & presque mort de peur. Il étoit tellement lié, qu'il n'avoit pu lever la tête, pour être témoin de la fuite & de la mort de ses assassins ; & il ne lui restoit plus qu'un souffle de vie : je coupai d'abord les cordes qui l'attachoient : je voulus le relever ensuite, mais il n'avoit pas la force de se soutenir. Seulement, il poussoit des cris sourds & lamentables, croyant sans doute qu'on ne le délioit que pour lui ôter la vie.

CHAPITRE XXV.

Vendredi reconnoît son Pere.

DÈS QUE *Vendredi* fut entré dans la barque, il releva ce malheureux Vieillard, & lui annonça sa délivrance. De mon côté, je lui fis boire un coup de mon *Rum*; cette liqueur salutaire, jointe à la nouvelle de sa conservation, qu'il n'attendoit pas, le fit comme revivre en un instant, & lui donna même assez de forces pour qu'il pût se mettre tout seul & sans secours, sur son séant.

Vendredi le regardoit fixement & avec des yeux étonnés. Mais à peine il l'eut entendu parler, qu'en jetant un cri, il se précipita dans ses bras. Ce spectacle eût arraché des larmes à l'homme le plus insensible ! Il baisoit, il embrassoit cet infortuné Sauvage. Il pleuroit & rioit tout à la fois. Il sautoit, il dansoit autour de lui. Il se tordoit les mains, il se frappoit le visage ; puis il se remettoit à chanter, à sauter & à danser de nouveau. J'avois beau l'interroger & lui demander la cause de tant de mouvements opposés ; il continuoit toujours à se comporter comme s'il eût été hors de sens. Il ne m'entendoit seulement pas ; comment eût-il pu me répondre ? Il me répondit enfin : ce Vieillard étoit son pere. Mais de long-temps il ne revint assez à lui, pour être en état de me l'apprendre.

Je ne dirai point combien je fus touché des transports que fit éclater ce fils tendre, quoique Barbare, à la vue de son pere arraché, comme par un miracle, à ses bourreaux. Je peindrai encore moins les extravagances si naturelles où le jetoit ce spectacle. Il entroit dans la barque, il en sortoit, il y rentroit encore. Il s'asseioit auprès de son pere ; &, pour le réchauffer, il lui tenoit la tête serrée contre sa poitrine, pendant des demi-heures entieres. Il lui prenoit ensuite les pieds & les mains ; la force dont ils avoient été liés, les avoient roidis ; il les frottoit avec du *Rum*, pour les amollir. En un mot, il étoit si occupé de sa joie, & si incapable de sentir autre chose, que pendant assez long-temps, je n'eus pas le cœur de le tirer de-là.

Cependant, après lui avoir laissé tout le loisir de satisfaire ses transports, il me regarda, & je l'appellai. Il vint en sautant, en riant, & avec toutes les démonstrations du contentement le plus vif.

Je lui donnai le dernier de mes gâteaux d'orge pour son pere, & un coup de *Rum* pour lui-même. Mais il étoit bien loin d'y goûter, & il courut lui porter tout, gateau, *Rum* & raisins ; car je lui en avois donné aussi pour le bon homme.

Un moment après, il sortit de la barque, & se lança vers mon habitation avec une telle rapidité, qu'en un instant, je l'eus perdu de vue. C'étoit le garçon le plus agile que j'aye connu de ma vie. J'avois beau le rappeller, il n'entendoit rien. Mais au bout d'un quart d'heure, environ, je le vis revenir presque avec la même vîtesse, encore qu'il fût assez pesamment chargé. Il apportoit du pain pour moi, & un pot d'eau fraiche pour son pere. Cette eau ranima entierement le pauvre vieillard, & lui fit plus de bien, que toute la liqueur forte qu'il avoit prise ; car il mouroit de soif.

Je lui ordonnai d'en porter aussi à l'Espagnol, avec un des gâteaux qu'il m'avoit été chercher. Celui-ci étoit aussi extrêmement foible, & s'étoit couché sur l'herbe, à l'ombre d'un arbre. Il se releva pourtant, & je m'approchai de lui. Il me regarda d'un air tendre, & plein de la plus vive reconnoissance ; mais il étoit si épuisé, quoiqu'il eût marqué tant de vigueur dans le combat, qu'il ne pouvoit se soutenir sur ses jambes. Ses pieds enflés prodigieusement, à force d'avoir été garrottés, lui causoient trop de douleur. Pour les soulager, je fis signe à *Vendredi* de les lui frotter avec du *Rum*, comme il avoit fait à l'égard de son pere.

Quoique mon pauvre Sauvage s'acquittât de ce devoir avec beaucoup d'affection, il ne pouvoit cependant s'empêcher de tourner les yeux, de moment en moment, vers l'endroit où étoit assis son pere, pour voir s'il étoit toujours à la même place, & dans la même posture. Une fois entre autres, n'appercevant plus rien dans le canot, il y vola, plutôt qu'il n'y courut; mais en entrant, il vit qu'il n'y avoit rien à craindre, & que son pere s'étoit couché, seulement pour se reposer.

Dès qu'il fut revenu, je priai l'Espagnol de vouloir bien souffrir qu'il l'aidât à se relever, & à le conduire vers la barque, pour le transporter de-là à mon habitation, où j'aurois de lui tout le soin possible. Mais *Vendredi* ne lui donna pas le temps de faire le moindre effort ; comme il étoit aussi robuste qu'agile, il le chargea sur ses épaules, le porta jusqu'au rivage, le fit asseoir auprès de son pere; sortit ensuite du canot, le mit en mer, y rentra, & malgré le vent, lui fit suivre & côtoyer la rive, plus vîte que je n'étois capable de marcher. Arrivé à la baye, il courut chercher l'autre canot qui nous étoit resté, & vint aider nos nouveaux compagnons, à sortir de celui où ils étoient. Mais ils n'étoient ni l'un ni l'autre, en état de suffire au peu de chemin que nous avions encore à faire ; en sorte qu'après les avoir amenés de si loin jusques-là, nous ne savions plus comment nous y prendre.

Après avoir médité long-temps sans fruit, sur les moyens de lever l'obstacle qui nous arrêtoit, enfin, je m'avisai de faire à la hâte une espece de civiere, sur laquelle nous le portames jusqu'à mon retranchement extérieur. Mais, lorsque nous y fumes arrivés, ce fut encore un plus grand embarras. Je n'avois nulle envie de l'abbatre, & je ne voyois point comment réussir à les faire passer par dessus. Il ne me restoit qu'un autre parti à prendre, c'étoit de travailler sur nouveaux frais. Je travaillai donc, & avec l'aide de *Vendredi*, qui tout fatigué qu'il devoit être, en faisoit encore plus que moi, je leur dressai, en moins de deux heures, une petite tente couverte de ramées & de vieilles voiles, entre mon retranchement extérieur, & le bocage que j'avois planté quelques pas plus loin. Dans cette hute, je leur arrangeai deux lits, avec quelques bottes de paille ; & je leur donnai à chacun deux couvertures.

CHAPITRE XXVI.

Robinson veut joindre les Européens.

MON Isle étoit maintenant peuplée : j'y étois demeuré seul pendant si long-temps, qu'en m'y voyant moi quatrieme, je me croyois très-riche en Sujets. l'idée de me devenu voir un petit Monarque, flattoit agréablement mon amour-propre. D'abord l'Isle entiere étoit mon domaine, par des faits incontestables. Ensuite mes Sujets m'étoient parfaitement soumis. J'étois leur Législateur & leur Seigneur despotique. Ils me devoient tous la vie, & tous, à la moindre occasion, étoient prêts à la risquer pour mon service.

Aussi-tôt que j'eus logé mes deux compagnons, je songeai à rétablir leurs forces par un bon repas ; ils en avoient besoin. *Vendredi* courut, par mon ordre, me chercher le plus gras de mes chevreaux ; je le tuai, & j'en mis en pieces un quartier de derriere, que je fis bouillir & étuver. Soit dit fans vanité, jamais peut-être Souverain n'avoit accommodé lui-même un fi bon plat. Quand j'eus fervi, je me mis à table, avec mes nouveaux hôtes, que j'encourageois de mon mieux, me fervant de *Vendredi* comme de mon interprete, non feulement auprès de fon pere, mais encore, auprès de l'Espagnol, qui parloit fort bien la langue des Sauvages, & qui avoit prefque oublié la fienne.

Après que nous eumes dîné, ou, pour parler plus correctement, après que nous eumes foupé, car c'en étoit à peu près l'heure ; j'ordonnai à *Vendredi* de prendre un des canots, & d'aller chercher nos armes à feu, que nous avions laiffées fur le champ de bataille. Le lendemain il fut enterrer les morts, dont les cadavres expofés au foleil, nous auroient bientôt incommodés, par leur mauvaife odeur ; il enfevelit en même temps les reftes affreux du repas, qui étoient épars çà & là fur le rivage. J'étois fi éloigné de m'acquitter d'une pareille commiffion moi-même, que je n'y pouvois penfer fans horreur ; je détournois même les yeux, toutes les fois que la néceffité de mes affaires me conduifoit dans le voifinage. Pour lui,

lui, il remplit si exactement mes ordres, qu'il ne resta pas la plus legere apparence du combat, ni du festin. Je n'aurois pas reconnu le lieu même, sans la pointe du bois qui s'avançoit de ce côté-là.

Je crus alors qu'il étoit temps d'entrer en conférence avec mes nouveaux sujets. Je commençai par le pere de *Vendredi*, à qui je demandai ce qu'il pensoit des Sauvages qui nous étoient échappés, & si nous n'avions point à craindre qu'ils ne revinssent en plus grand nombre, venger sur nous la mort de leurs compagnons? Comme il s'étoit élevé une tempête assez violente, un peu après qu'ils se furent mis en mer, il me répondit qu'ils devoient avoir été submergés tous quatre, à moins que d'avoir été portés vers le Sud, sur des ĉtes où ils ne pourroient éviter d'être devorés; qu'au reste, dans le cas qu'ils eussent regagné leur rivage, ils étoient si effrayés, & par la maniere dont nous les avions attaqués, & si étourdis par le bruit & par le feu de nos armes, qu'ils ne manqueroient pas de dire à leurs compatriotes, que leurs compagnons avoient été tués par la foudre & par le tonnerre; & que les ennemis qui leur étoient apparus, étoient sans doute des esprits descendus du Ciel, pour les détruire. Il insistoit

N

d'autant plus sur cette conjecture, qu'il avoit entendu dire aux fuyards, qu'ils ne concevoient pas que des hommes puffent *souffler foudre*, *parler tonnerre*, & tuer, à une si grande distance, sans lever seulement la main.

Il avoit deviné juste. Les Sauvages étoient en effet retournés chez eux, malgré la tempête ; & ils y avoient semé une si grande épouvante, qu'ils étoient persuadés tous que mon Isle étoit enchantée, & que quiconque oseroit en approcher, seroit détruit par le feu du Ciel. Si j'avois été sûr alors de cette particularité, j'aurois été beaucoup plus tranquille ; mais n'en étant point instruit, je fus en proie, pendant quelque temps, à des agitations continuelles, qui m'obligerent à être incessamment sur mes gardes, & à tenir toujours toutes mes troupes armées. Cependant, ne voyant arriver aucun canot, mes frayeurs se dissiperent ; mais comme il falloit que je fusse toujours inquiet, je recommençai à songer sérieusement à mon voyage vers le continent, où le pere de *Vendredi* m'assuroit que je serois bien reçu de sa Nation, pour l'amour de lui.

Je pressois fort l'exécution de ce dessein ; mais un entretien que j'eus avec mon Espagnol, me le fit suspendre. Il me raconta qu'il avoit laissé au continent seize Chrétiens, tant Espagnols, que Portugais, qui ayant fait naufrage comme lui, & s'étant sauvés sur ces côtes, y étoient à la vérité, en paix avec les Sauvages, mais y avoient à peine assez de vivres, pour ne pas mourir de faim. Je lui demandai aussi-tôt comment il croyoit qu'ils recevroient la proposition de venir vivre plus abondamment avec nous dans mon Isle ; —— mais, ajoutai-je, à l'instant, je voudrois les obliger, sans courir aucun risque ; & vous m'avouerez que nous ne pouvons les recevoir ici, que dans le cas où nous serons bien surs d'eux.

Il me répondit que ces infortunés sentoient avec tant de vivacité le malheur de leur situation, qu'ils regarderoient toujours comme un Dieu, le mortel généreux qui contribueroit à les en délivrer. —— Au reste, poursuivit-il, il est prudent de prendre ses précautions avec les hommes, même en les obligeant ; & pour ne vous laisser aucune inquiétude sur ceux-ci, j'irai les voir, si vous voulez ; je leur communiquerai votre intention, & je vous rapporterai leur réponse. —— Je le veux bien, lui dis-je. —— Et il alloit partir en effet, sans un plus long délai ; mais il fit lui-même une réflexion que j'approuvai très-fort, & qui différa son départ, pour six mois.

Voici le motif qui nous arrêta. Je lui avois montré toutes mes provisions, abondantes pour moi seul ; mais ne pouvant suffire qu'avec beaucoup d'économie, à l'augmentation de ma famille, comment auroient-elles fourni encore aux besoins de ses camarades, qui étoient au nombre de seize ? Il falloit donc défricher un nouveau champ, & faire une nouvelle recolte, avant que d'aller offrir un azyle à nos nouveaux hôtes. Cet avis étoit si raisonnable, qu'il passa tout d'une voix. En conséquence, nous nous mîmes tous quatre à labourer la terre, autant que nos instruments de bois pouvoient nous le permettre. Un mois après, nous y semames vingt Boisseaux d'orge, & seize Jarres de ris. C'étoit tout ce que nous pouvions retrancher de nos vivres, encore nous falloit-il beaucoup ménager ce qui nous en restoit, pour le conduire jusqu'à la nouvelle moisson.

CHAPITRE XXVII.

L'Espagnol s'embarque pour le Continent.

Assez forts pour n'avoir rien à redouter des Sauvages, à moins qu'ils ne vinssent en très-grand nombre, nous parcourions tous les jours, tous les coins de l'Isle, sans aucune inquiétude ; & comme nous ne songions qu'à notre délivrance, nous ne nous occupions aussi, qu'à employer tous les moyens qui pouvoient y contribuer. Entre autres choses, je remarquai dans mes courses, plusieurs arbres qui me parurent propres à nos vues ; *Vendredi* & son pere, furent chargés de les abbattre; & l'Espagnol étoit leur inspecteur; je leur montrai ensuite la maniere pénible & laborieuse dont j'avois été obligé autrefois de m'y prendre moi-même, pour mes tablettes ; & ils me firent, sur ce modele, une douzaine d'excellentes planches de chêne, de deux pouces de large chacune, de trente-cinq de long, & de trois à quatre pouces d'épaisseur. On peut juger par ce que j'en ai dit plus haut, quelle peine exigeoit un pareil travail.

Cependant, je songeois aussi à augmenter mon troupeau. Tantôt j'allois à la chasse avec *Vendredi*, & tantôt je l'y envoyois avec l'Espagnol. De cette maniere, nous recrutames vingt-deux chevreaux, que nous joignimes à ceux que j'avois déja. Au milieu de ces occupations différentes, arriva le temps de cueillir mes raisins ; nous en fimes sécher un nombre si prodigieux de grapes, que j'en aurois pu remplir plus de soixante barils. Ce fruit composoit avec notre pain, la plus grande partie de nos aliments. Vint ensuite le temps de la moisson ; notre grain étoit en assez bon état, quoique j'aye vu des années plus fertiles dans l'Isle. Notre recolte fut pourtant assez bonne, pour répondre à nos fins. En effet, deux cent vingt boisseaux d'orge, & autant de ris, à proportion, étoient suffisants, ou pour notre subsistance, & celle des hôtes que nous attendions ; ou si nous prenions le parti de nous embarquer, il y en avoit assez pour avitailler abondamment notre Vaisseau, quelque route que nous voulussions prendre.

Mais il ne suffisoit pas d'avoir cueilli nos grains, il falloit encore les conserver. Nous nous mîmes donc tous quatre à fabriquer à l'envi, de profonds panniers d'ozier. Mon Espagnol étoit très-habile & très-prompt à construire ces sortes d'ouvrages ; & il me blâmoit souvent de ne m'en être pas servi, pour mes enclos, & pour mes retranchements. Heureusement je n'en avois plus besoin.

Tous nos préparatifs achevés, il se disposa à passer en terre-ferme, pour traiter, comme nous en étions convenus, avec ses compatriotes. Je lui donnai un ordre par écrit, de ne me les amener, qu'après leur avoir fait jurer à tous, que bien loin de m'attaquer en aucune maniere, ou de me causer le moindre chagrin, ils me défendroient au contraire, contre toute sorte d'attentats, & se soumettroient aveuglement à tous mes commandements, de quelque côté que je voulusse les mener. Avec ces instructions, il partit dans le même canot qui l'avoit conduit dans mon Isle pour y être dévoré des Cannibales. Je lui donnai deux mousquets, & environ huit charges de poudre & de balles, en lui ordonnant d'en être bon économe, & de ne les employer, que dans les occasions pressantes.

Au reste, comme il étoit le premier que j'avois sauvé, afin qu'il ne fût pas confondu avec ceux dans la délivrance desquels il entroit pour tant de choses, je lui donnois, dans le papier dont il étoit porteur, & qu'il devoit faire signer à toute la troupe, le titre de premier de l'Isle après moi.

Voilà les premieres mesures raisonnables qu'il me fut permis de prendre pour ma liberté, depuis vingt-neuf ans & quelques jours, que je vivois dans mon Isle ; aussi ne négligeai-je rien pour qu'elles fussent justes. Je fournis mon voyageur d'une provision de pains & de grapes seches pour lui ; & d'une autre plus considérable pour ses compagnons. Nous convinmes du signal qu'il mettroit à son canot à son retour, afin que je pusse le reconnoître, avant qu'il abordât. Là-dessus, il mit en mer, & je lui souhaitai un heureux voyage. Nous étions alors au mois d'Octobre.

CHAPITRE XXVIII.

Robinson voit un Vaisseau à l'ancre.

IL y avoit déja huit jours, que j'attendois le retour de mon député, lorsqu'il m'arriva une aventure à laquelle je ne m'attendois sûrement pas.

Un matin, je dormois d'un profond sommeil ; *Vendredi* accourt à mon lit, en criant de toute sa force : —— *Maître, maître, ils sont venus, ils sont venus.* A l'instant, je me leve, je m'habille & je traverse mon bois. Je songeois si peu au moindre danger, que j'étois sans armes, contre mon ordinaire. Mais quelle fut ma surprise, en voyant s'approcher de moi une chaloupe qui ne ressembloit nullement à mon canot, & qui n'avoit garde non plus d'avoir le signal que je cherchois. Elle étoit encore éloignée de mon rivage, d'une lieue & demie, environ : —— Ce ne sont point-là les gens que nous attendons, dis-je à *Vendredi* ; & nous ne savons encore ce qu'ils nous veulent ; ainsi, ne fais aucun mouvement qui nous décele. —— J'eus à peine achevé ces mots, que courant me saisir de ma lunette, & montant au haut de mon rocher, je vis très-distinctement derriere la barque qui s'avançoit, un Vaisseau à l'ancre.

Je ne saurois rendre l'espece d'impression prophétique que cette vue fit sur moi. Un Vaisseau m'étoit une chose si nécessaire, que j'aurois du être ravi d'en voir un. Cependant, comme j'avois été vingt-neuf ans à n'en découvrir qu'un seul, encore par un naufrage, je ne pouvois croire que celui-ci, qui me paroissoit être en bon état, dût avoir de louables intentions; & bien m'en prit d'avoir ce pressentiment & surtout de le suivre.

La chaloupe approche du rivage, cherchant une baye pour y débarquer; mais ne trouvant point celle dont j'ai parlé tant de fois, & las de chercher si long-temps en vain, l'équipage descendit sur le sable, environ à un demi-quart de lieue de moi. J'en fus enchanté, car autrement ils auroient débarqué devant ma porte. Lorsqu'ils furent à terre, je vis très-clairement qu'ils étoient Anglois. Ils étoient onze en tout ; mais il y en avoit trois sans armes & garrotés, comme je crus m'en appercevoir. Dès que cinq ou six de ces malheureux furent sortis de leur barque, ils en firent sortir les trois autres comme des Prisonniers. J'en vis un, marquer par ses gestes, une affliction & un désespoir, qui alloient jusqu'à l'extravagance; les autres levoient quelquefois les mains au Ciel, & avoient aussi l'air morne & abbatu de tristesse; mais leur douleur me paroissoit pourtant plus modérée.

Dans le temps que je cherchois avec plus d'attention ce que signifioit un pareil spectacle, *Vendredi*, qui le consideroit comme moi, s'écria: — *Maître! Maître! Vous voyez hommes blancs manger Prisonniers aussi bien qu'hommes Sauvages! Voyez eux les vouloir manger!* — Non, non, *Vendredi*, lui dis-je; je crains seulement qu'ils ne les massacrent, mais sois sûr qu'ils ne les mangeront pas. — Je tremblois cependant, à l'horreur de cette vue. A chaque moment, je m'attendois à les voir assassiner. Je vis même un de ces scélérats lever son sabre, pour en frapper un de ces malheureux, & je crus que j'allois le voir tomber à terre; la frayeur que j'en eus me fit frissonner. Combien je regrettois alors mon brave Espagnol! Avec quelle effusion de cœur je désirois de voir ces bourreaux à la portée du fusil, sans en être découvert! J'aurois été d'autant plus sûr de délivrer leurs Prisonniers de leurs cruelles mains, qu'aucun d'eux n'avoit d'armes à feu. Mais une heureuse circonstance me fit réussir dans mon projet, d'une autre manière.

Tandis que ces insolents Matelots rodoient dans toute mon Isle, comme pour aller à la découverte du pays, j'observai que de leur côté, leurs Prisonniers étoient libres d'aller par-tout où ils jugeroient à propos, sans que personne les en empêchât. Mais ils n'eurent pas même le courage de jeter un coup d'œil sur les objets dont ils étoient environnés ; & ils se coucherent à terre, d'un air pensif & désespéré. Leur triste contenance me rappelloit celle que j'avois eue moi-même, en abordant sur le même rivage, lorsque tournant mes yeux de toutes parts, & craignant d'être la proie de quelque monstre, mes frayeurs m'avoient obligé de passer la nuit entiere sur un arbre.

Quand mes coquins arriverent, la marée étoit au plus haut ; & partie en maltraitant leurs Prisonniers, partie en se promenant de côté & d'autre, ils furent surpris par le reflux. La mer s'étoit retirée, & avoit laissé leur chaloupe à sec. Ils y avoient bien laissé deux hommes ; mais à force de boire, ils s'y étoient endormis. Cependant, l'un s'éveillant plus tôt que l'autre, & trouvant la chaloupe trop enfoncée dans le sable, pour l'en retirer tout seul, appelle aussi-tôt ses camarades à son aide. Ils accourent; mais la barque étoit pesante, & ils n'eurent pas assez de force tous ensemble, pour la mettre à flot. Le seul parti qui leur restoit à prendre, étoit d'attendre la marée prochaine. Or, elle ne devoit monter qu'à dix heures du soir ; & j'espérai qu'à la faveur de la nuit, je trouverois quelque occasion favorable. Je n'avois rien à craindre ; j'étois dans l'enceinte de mon habitation, & elle étoit bien fortifiée.

CHAPITRE XXIX.

Robinson sauve un Capitaine.

CEPENDANT, je me préparois au combat, avec plus de précaution que jamais, bien sûr que j'allois avoir en tête de plus redoutables ennemis, que ceux contre lesquels je m'étois mesuré jusques-là. J'ordonnai à mes deux Esclaves d'en faire autant ; & je me promettois sur-tout de grands secours de *Vendredi*, qui tiroit d'une justesse étonnante. Je lui donnai trois mousquets, & je pris moi-même deux fusils. Ma figure étoit effroyable; j'avois sur la tête mon terrible bonnet de peaux de chevres. A mon côté pendoit mon sabre. Je portois deux pistolets à ma ceinture, & un fusil sur chaque épaule.

Je voulois d'abord ne rien entreprendre avant la nuit; mais remarquant au plus chaud du jour, que mes droles étoient allés prendre le frais dans les bois, tandis que leurs Prisonniers étoient couchés à l'ombre d'un grand arbre, assez près de moi & hors de leur vue, je résolus de me découvrir à eux, pour être instruit de leur situation, & me comporter en conséquence. Je me mis donc en marche; *Vendredi* & son pere, me suivoient. Ils étoient armés tous deux aussi formidablement que moi, sans pourtant ressembler comme moi, à des spectres.

Après m'être approché aussi près qu'il me fut possible, sans me laisser appercevoir, j'élevai la voix, & je leur demandai qui ils étoient ? Ils alloient fuir; & dans le fonds, ils auroient pu être effrayés à moins; mais je leur dis, pour les rassurer : — Ne craignez rien, Messieurs, & ne cherchez point à vous dérober; peut-être avez-vous trouvé ici un ami, sans vous y attendre. — Il nous viendroit donc du Ciel, me répondit un d'eux d'une maniere grave, & le chapeau à la main; car notre malheur est tel, que nous ne pouvons espérer aucun secours de la part des hommes. — Tout secours vient d'en-haut, Monsieur, lui répondis-je. Mais ne voudriez-vous pas enseigner à un Etranger, les moyens de vous être utile ? Vous me paroissez accablé d'une grande affliction ! Je vous ai vu débarquer; & quand vous-vous êtes entretenu avec les brutaux qui vous ont conduit ici, j'en ai vu un lever son sabre, & menacer de vous tuer. —

Le pauvre homme, tremblant, & les yeux baignés de larmes, me dit d'un air étonné : — Daignez me répondre : Parlai-je à un homme, à un Ange, ou à un Dieu ? — Remettez-vous, lui dis-je, Monsieur : Si Dieu avoit envoyé un Ange à votre secours, cet Ange vous apparoîtroit sous des meilleurs habits, & avec d'autres armes. Je suis réellement un homme, & un homme disposé à tout tenter pour vous rendre service. Je n'ai que deux Esclaves avec moi, mais nous avons des armes & des munitions. Dites librement ce que nous pouvons faire pour vous, & expliquez-moi la nature de vos malheurs. — Helas, Monsieur, me répliqua-t-il, le récit en eſt trop long, pour que je l'entreprenne, tandis que nos ennemis ſont ſi proche. Qu'il me ſuffiſe de vous dire que j'étois le Commandant du Vaiſſeau que vous voyez. Mes gens ſe ſont revoltés contre moi, & ils veulent m'abandonner aux monſtres de ce Déſert, avec ces deux hommes dont l'un eſt mon contre-maître, & l'autre un paſſager. — Eh, où ſont vos coquins de rebelles, lui demandai-je ? — Les voilà couchés ſur ce gazon, me répondit-il, en me montrant au loin une touffe d'arbres fort épaiſſe. Je tremble qu'ils ne nous ayent entendus. — Ont-ils des armes à feu, lui demandai-je encore ? — Ils ont deux fuſils, me dit-il, dont un eſt reſté dans la chaloupe. — Laiſſez-moi donc faire, lui dis-je; autant que je les peux voir, ils ſont tous endormis; conſéquemment, rien n'eſt plus aiſé que de les tuer, à moins que vous n'ayez quelques raiſons pour aimer mieux les faire Priſonniers. —

Alors il me conta qu'il y avoit parmi eux deux coquins, dont il m'aſſura qu'on ne pouvoit eſpérer aucun amendement; mais que ces deux miſérables, une fois hors d'état de nuire, peut-être il ſeroit facile de faire rentrer le reſte dans le devoir: — Je ne puis, Monſieur, vous les indiquer de si loin, m'ajouta-t-il ; mais commandez, & je suis prêt d'exécuter en tout vos ordres. — Eh bien, lui dis-je, commençons par nous tirer d'ici, de peur qu'ils ne s'éveillent, & ne nous surprennent. Suivez-moi, Messieurs ; je vais vous conduire dans un lieu où nous pourrons délibérer en sureté, sur le parti que nous avons à prendre. —

Je les fis entrer à ces mots, dans un certain endroit du bois, & quand nous y fumes : — Ecoutez-moi, Monsieur, dis-je au Capitaine, je suis prêt à tout hazarder pour vous délivrer vous & ces deux infortunés qui vous accompagnent ; mais souffrez, je vous prie, que ce soit à deux conditions. — Il m'interrompit pour me faire toutes les protestations imaginables, & ses deux compagnons en firent de même : — Ecoutez mes propositions, leur dis-je, il n'y en a que deux :

———— Tout le temps que vous demeurerez dans mon Isle, vous n'y prétendrez à aucune sorte d'autorité ; vous prendrez & vous mettrez bas les armes, au moindre signe que je vous en ferai ; voilà la premiere. Si nous réussissons à recouvrer votre Vaisseau, vous nous conduirez en Angleterre, mes deux Esclaves & moi ; voilà la seconde. ————

On croira facilement que deux propositions si raisonnables ne furent point refusées. J'en aurois fait d'injustes, qu'elles auroient été acceptées encore ; mais j'étois loin d'abuser du malheur d'autrui, moi dont l'infortune avoit eu le temps d'ajouter à la sensibilité que je tenois de la 'nature ; je donnai d'abord un mousquet, des balles & de la poudre à chacun de mes trois nouveaux Sujets. Je demandai ensuite au Capitaine comment il jugeoit à propos de diriger notre entreprise : —— Pour moi, lui dis-je, je crois que le parti le plus sage & le plus sûr, est de tomber tous en même temps sur nos ennemis, tandis qu'ils sont couchés. Si quelqu'un d'eux échappe à notre premiere décharge, & qu'il veuille se rendre, nous pourrons lui sauver la vie. ——

Il me repliqua avec beaucoup de modération, qu'il m'avouoit, puisque je lui demandois son avis, qu'il seroit fâché de les tuer tous, dans le cas où il seroit possible de s'en assurer d'une maniere moins sanglante, & plus humaine : —— Mais, ajouta-t-il au même instant, pour les deux scélérats dont je vous ai parlé, & qui ont été les auteurs de la revolte, nous sommes perdus, Monsieur, s'ils nous échappent ; à coup sûr , ils retourneront au Vaisseau, & ils en rameneront tout le reste de l'équipage, pour nous détruire.

Il faut donc nous en tenir à mon premier projet, lui répétai-je. Une nécessité absolue rend tout légitime. Cependant, lui voyant toujours de l'horreur à répandre tant de sang : Avancez-vous donc, lui dis-je, avec vos deux compagnons, & agissez selon que vous inspireront les circonstances. Comme il se mettoit en marche, nous vîmes deux des rebelles se lever & partir ; je lui demandai si c'étoient les chefs de la rebellion ; il me répondit que non : Eh bien, lui criai-je, laissez-les s'échapper ; mais pour les autres, s'ils ne sont pas à vous, ne vous en prenez qu'à vous-même.

Animé par ces paroles, il s'avance vers les mutins, un mousquet sur le bras, & un pistolet à la ceinture. Son contre-maître, & le passager qui le devançoient, firent un peu de bruit ; un Matelot s'éveille, & appelle avec effroi, ses camarades ; mais dans l'instant même ils font feu tous deux. Le Capitaine avoit gardé son coup ; il vise aux chefs des mutins, & en tue un sur la place. L'autre, quoique grievement blessé, veut courir & prendre la fuite ; mais il le poursuit, & l'atteint : ——— Demande pardon à Dieu, traître, lui cria-t-il ; ——— & il l'assomme aussi-tôt d'un coup de crosse.

Il en restoit encore trois, dont un n'étoit que legerement blessé. J'arrivai avec mes armes, & avec ma figure, encore plus terrible qu'elles. Comprenant alors qu'il leur seroit impossible de résister, ils demanderent quartier. Le Capitaine leur fit espérer leur grace, à condition qu'ils l'aideroient à recouvrer son Vaisseau. Ils le lui promirent avec serment, & il leur accorda la vie ; ce que je ne désaprouvai pas, pourvu toutefois qu'ils fussent gardés, pieds & mains liés, tant qu'ils seroient dans mon Isle.

Cependant *Vendredi* & son pere, étoient allés par mon ordre, s'emparer de la chaloupe, tandis que d'un autre côté, les Matelots qui s'étoient écartés, accoururent au bruit des mousquets. Ils avoient quelque envie de se battre ; mais voyant leur Capitaine, de leur Prisonnier redevenu leur maître, ils se soumirent à lui & consentirent à se laisser garrotter, comme les trois autres.

CHAPITRE XXX.

Robinson raconte ses aventures.

NOs ennemis étoient tous hors de combat. J'eus le temps alors de raconter mes aventures au Capitaine. Il m'écoutoit avec un étonnement & une surprise, qui alloient jusqu'à l'extase. Il admira sur-tout la maniere miraculeuse dont j'avois été fourni de munitions & de vivres. En un mot, comme toute mon histoire est un tissu continuel de prodiges, elle fit sur lui la plus grande impression. Mais lorsque d'après mon sort, il venoit à réfléchir sur le sien propre ; lorsqu'il consideroit que le Ciel paroissoit en quelque sorte, ne m'avoir conservé, que pour lui sauver la vie, il étoit si pénétré, & ses larmes étoient si abondantes, qu'il ne pouvoit plus proférer une seule parole.

Notre conversation finie, je le conduisis, ses deux compagnons & lui, dans mon Château, où après leur avoir donné tous les rafraîchissements qui étoient en mon pouvoir, je leur montrai en détail, toutes les inventions dont je m'étois avisé pendant mon séjour dans l'Isle.

Tout ce que je difois au Capitaine, tout ce que je lui faifois remarquer, lui paroiffoit également incroyable. Il étoit étonné de voir ma fortification, & la maniere dont j'avois caché ma retraite, par le moyen du bocage que j'avois planté, il y avoit vingt ans. Comme les arbres croiffoient fort vîte, & devenoient tous extraordinairement touffus, mon bois étoit de toutes parts, d'une épaiffeur impénétrable. On ne pouvoit le traverfer, que par le paffage étroit & tortueux que je m'y étois ménagé. ——— Ce que vous voyez, lui dis-je, eft mon Château, & le lieu de ma réfidence. Mais, à l'exemple d'autres Princes, j'ai encore une maifon de campagne, que je vous ferai admirer une autre fois. Nous avons maintenant des affaires plus preffées, & il s'agit de fonger aux moyens de nous rendre maîtres de votre Vaiffeau. ———

——— Vous avez raifon, me repliqua-t-il ; mais je ne vois pas quelles mefures prendre. Ils font encore vingt-fix à bord ; ils ont tous mérité la mort ; & perfuadés que je fuis réfolu à les faire pendre au premier endroit, ils fe battront en défefpérés. Le moyen de nous emparer d'eux, avec un nombre fi inférieur au leur ! ———

Je ne trouvai ce raisonnement que trop juste ; & nous en conclumes que nous n'avions pour toute ressource, que celle de tendre quelque piege à l'équipage ; dans les circonstances où nous étions, au défaut de la force, il étoit permis, ou jamais, d'avoir recours à la ruse. J'étois sur que les gens du Vaisseau, allarmés du retardement de leurs camarades, ne tarderoient pas à mettre leur seconde chaloupe en mer ; il falloit donc attendre leur arrivée, & sur-tout voir le nombre des députés, avant que de prendre un parti.

Je conseillai cependant au Capitaine de couler à fonds leur premiere chaloupe, afin qu'ils ne pussent pas l'emmener. Il approuva mon idée, & nous mîmes aussitôt la main à l'œuvre. D'abord, nous commençames par en ôter tout ce que *Vendredi* y avoit encore laissé ; c'est-à-dire, une bouteille d'eau de vie, une autre de *Rum*, quelques biscuits, un plein cornet rempli de poudre, & un pain de sucre d'environ six livres, qui étoit enveloppé dans un morceau de canevas. Toute cette trouvaille me fut fort agréable, sur-tout l'eau de vie & le sucre, dont j'avois presque eu le temps d'oublier le goût.

Dès que nous eumes porté toutes ces provisions à terre, nous fimes à la chaloupe un trou assez grand, pour qu'il ne fût pas facile de le reboucher. A dire la vérité, je ne pensois gueres sérieusement à recouvrer le Vaisseau. Mon seul projet, dans le cas qu'il partît, & nous laissât, étoit d'en réparer au plutôt la brêche, & de la mettre en état de nous mener tous à bon port, vers mes amis les Espagnols, que je n'avois point perdus de vue. Voilà pourquoi je ne voulus point la détruire entierement ; au-contraire, nous employames à l'envi, toutes nos forces à la tirer assez haut sur le rivage, pour que la marée même ne pût la mettre à flot.

Au milieu de cette occupation pénible, nous entendimes un coup de canon ; &, en levant les yeux, nous vîmes au haut du Vaisseau, le signal ordinaire qui appelle la chaloupe à bord. Mais ils avoient beau tirer & faire des signaux, la chaloupe n'avoit gardé d'obéir. Un moment après, nous vîmes, par le moyen de nos lunettes, qu'ils mettoient leur autre barque en mer, & venoient à nous, à force de rames. Ils étoient dix, & ils avoient des armes à feu. Leur Capitaine put les examiner & les reconnoître tous à son aise ; car ils furent obligés de côtoyer très-long-temps le rivage, presque
sous

sous ses yeux, pour arriver jusqu'à l'endroit où leurs gens étoient débarqués. Il remarqua sur-tout parmi eux, trois ou quatre scélérats déterminés, sur l'exemple desquels il appréhendoit que tout le reste ne voulût entendre à aucun accord.

Il craignoit même que nous ne fussions pas les plus forts. Mais tâchant de m'animer & de m'armer moi-même de courage, afin de lui en inspirer : ——— Notre situation, lui dis-je, est bien faite pour nous mettre au-dessus de la peur. Nous ne pouvons que mourir, & la mort, si terrible pour les autres hommes, est pour nous une sorte de délivrance. Jetez un coup d'œil sur ce Désert affreux ; la vie que j'y ai menée, celle que vous y meneriez vous-même avec moi, valent bien que nous courions quelques dangers, pour nous en arracher. ——— Ce discours prononcé d'un ton de voix ferme, & avec une contenance gaie, fit sur lui tout l'effet que je m'en étois promis ; & il m'aida vigoureusement à faire nos préparatifs.

Nos Prisonniers étoient déja en lieu sûr. Il y en avoit deux dont le Capitaine étoit moins sûr que des autres ; je les avois enfermés dans ma grotte : ——— Attendez patiemment votre grace, leur avois-je dit ; peut-être l'obtiendrez vous. Tous vos efforts pour vous sauver, seroient inutiles ; mais il n'importe, si je m'apperçois que vous en ayez tenté un seul, vous êtes perdus. ——— Les autres avoient été plus favorablement traités. A la vérité, j'en avois fait garrotter deux ; mais à la recommandation du Capitaine, & sur le serment qu'ils me firent d'être fidelles à m'obéir jusqu'à la mort, le reste étoit passé à mon service. De cette maniere, nous étions huit hommes bien armés, & j'étois persuadé que nous allions remporter une victoire complette sur nos ennemis.

Aussi-tôt qu'ils furent parvenus à l'endroit où étoit leur premiere chaloupe, ils poussèrent celle où ils étoient, sur le sable ; & sautant tous à terre, ils la tirerent après eux sur le rivage. Cette précaution de leur part, nous donna de grandes espérances ; car jamais nous n'aurions pu venir à bout de nous en saisir, s'ils l'eussent laissée à l'ancre, à quelque distance du bord, & avec un d'entre eux pour la garder.

CHAPITRE XXXI.

Arrivée d'une seconde chaloupe.

Dès que nos dix rebelles eurent mis leur Barque à sec, ils coururent tous vers leur premiere chaloupe. Leur surprise fut sans égale, en la voyant percée par le fonds, & dépouillée de tous ses agrès. Ils appellerent à grands cris, leurs compagnons, & firent une décharge générale de tous leurs fusils, pour tâcher de s'en faire entendre. Mais ceux qui étoient dans la grotte, n'entendirent sûrement rien; & le reste, que nous gardions nous-mêmes, n'eut pas le courage de leur répondre.

Effrayés d'un silence si profond, & frappés d'une terreur d'autant plus vive, qu'ils en soupçonnoient moins la cause, ils remirent aussi tôt en mer. Nous crumes qu'ils nous étoient échappés sans retour; mais l'instant d'après, honteux de leur crainte, ils revinrent sur leurs pas; & d'après quelques nouvelles mesures qu'apparemment ils jugerent à propos de prendre, trois d'entre eux resterent dans la chaloupe, & les sept autres entrerent dans le pays, & furent à la découverte.

Ce parti, très-sage pour eux, devenoit pour nous un très-grand inconvénient : la difficulté n'étoit pas à nous rendre maîtres de ceux qui étoient dans l'Isle ; mais en nous voyant tomber sur leurs camarades, les autres prenoient la fuite ; le Vaisseau faisoit voile, & nous perdions l'espérance de le recouvrer. Cependant le mal étoit jusqu'ici sans remede, & il fallut attendre l'événement. Les sept qui étoient débarqués marchoient avec toutes les précautions imaginables & serrés les uns contre les autres, du côté de la colline sous laquelle étoit mon habitation. Nous désirions fort, ou qu'ils s'approchassent de nous, afin que nous pussions tirer sur eux, ou s'ils ne vouloient pas s'approcher, qu'au moins ils s'éloignassent assez, pour que nous pussions sortir de notre retraite, sans être découverts.

Quand ils furent au haut de la colline, ils se prirent à crier de nouveau de toutes leurs forces ; mais bientôt, épuisés par leurs cris, & n'osant pas se hazarder à pénétrer plus avant dans le pays, ils s'assirent pour consulter ensemble. S'il leur eût plu de s'endormir, comme avoient fait ceux qu'ils cherchoient, ils nous eussent rendu un très-grand service ; mais tout fatigués qu'ils étoient, leur frayeur étoit trop grande, pour s'y risquer ; quoiqu'assurement ils n'eussent aucune idée du danger qui les menaçoit.

Persuadé que leur délibération alloit finir comme les précédentes, par une décharge générale, le Capitaine nous conseilloit, pour épargner le sang, de nous jeter sur eux aussi-tôt qu'ils auroient tiré, & de nous en saisir, avant qu'ils eussent rechargé leurs armes. Ils étoient sept, nous étions huit : chacun de nous eût choisi le sien, lui eût tenu le pistolet sur la gorge, & le huitieme les eût tous garrottés. Je goûtois fort cet avis, pourvu qu'il fût éxécuté avec justesse ; mais il s'évanouit, faute d'occasion. Nos ennemis au-contraire, après avoir réfléchi quelque temps, se leverent tout-à-coup, & marcherent vers la mer. Cette brusque résolution rompoit toutes nos mesures, & nous mettoit au désespoir.

Heureusement, je m'avisai, pour les arrêter, d'un stratagême qui nous réussit. — Partez, dis-je à *Vendredi* & au contre-maître, passez la baye, & courez vous mettre à l'abri de la colline ; dès que vous y serez, poussez un cri, & attendez qu'ils vous ayent répondu. Avancez ensuite, & continuant toujours de crier, sans vous laisser appercevoir, attirez-les dans le Bois, le plus avant qu'il vous sera possible ; alors, les laissant s'y égarer, revenez à nous par le chemin le plus court. — *Vendredi* & le contre-maître s'élancerent comme un trait. Nos fuyards alloient mettre le pied dans leur chaloupe, quand ils entendirent le premier cri ; ils se retournent aussi-tôt, & courent du côté d'où partoit la voix ; mais la baye les arrêta. Les eaux étoient hautes ; & craignant de trop s'exposer en passant un aussi long trajet à la nage, ils sont forcés d'amener jusques-là leur Barque ; c'étoit où je les attendois. Lorsqu'elle les eût mis de l'autre côté, j'observai qu'ils l'attacherent à un arbre, & qu'il n'en restoit que deux pour la garder.

Alors, laissant mes députés exécuter tranquillement mes ordres, je prends les autres avec moi, & je tombe sur les deux gardiens. Nous trouvames le premier couché sur le sable, & déja à moitié endormi ; le Capitaine, qui étoit le plus avancé, saute sur lui, & l'assommant d'un coup de crosse sur la place, crie au second de se rendre, ou qu'il étoit mort.

Cependant, *Vendredi* & le contre-maître, en continuant de répondre aux cris de leurs prétendus camarades, & en s'éloignant toujours d'eux, à mesure qu'ils les entendoient s'avancer, les avoient engagés assez avant dans le bois, pour qu'ils ne pussent regagner la baye, avant la fin du jour. S'ils tomboient eux-mêmes de lassitude, quand ils revinrent à moi, on peut juger de l'état où étoient les autres, qui ne sachant pas un mot de leur route, n'arriverent encore que quelques heures après. Je ne m'arrêterai point à peindre l'étonnement dont ils furent frappés à leur retour ; je n'y réussirois pas. La marée étoit écoulée, leur chaloupe étoit sans gardes ; ils le voyoient, & ne concevant pas un pareil prodige, ils se demandoient mutuellement si leurs yeux ne les trompoient point.

— Nous sommes dans une Isle enchantée, se disoient-ils en pleurant, les uns aux autres... Si ce sont des hommes qui l'habitent, s'écrioient-ils un moment après, notre perte est sure, & ils vont nous massacrer. Si ce sont des esprits, helas ! notre malheur est plus sur encore, & nous allons être enlevés & dévorés.—
Ils appelloient leurs deux camarades par leur nom ; mais aucun des deux ne répondoit, l'un, parce qu'il étoit tué, & l'autre, parce qu'il craignoit de l'être. Nous les vîmes alors par le peu de jour

qui restoit, aller, revenir, & se tordre les mains, comme des gens désespérés. Tantôt, ils entroient dans leur Barque, pour s'y reposer, & leurs frayeurs les en arrachant, ils en sortoient tous, & couroient çà & là sur le rivage.

Mes gens avoient grande envie de faire feu sur eux : mais ils pensoient en Soldats. Quant à moi, qui pensois en Roi, je voulois les prendre à mon avantage, & n'ôter la vie qu'à ceux que je ne pourrois sauver ; je voulois sur-tout ne pas hazarder un seul d'entre nous. J'approchai donc mon embuscade en silence, ordonnant à *Vendredi* & au Capitaine, qui composoient mon avant-garde, de se traîner à quatre pieds, pour se placer aussi près d'eux qu'il seroit possible, sans se découvrir. Ils venoient de se poster, quand le chef de la mutinerie, qui dans son malheur se montroit le plus lâche & le plus désespéré de la troupe, se leve & vient sans le savoir, au-devant du coup mortel qui lui est préparé. Le Capitaine saisit le moment, le vise à la tête & le tue. *Vendredi* blesse le second, & le troisieme prend la fuite.

Au bruit de cette décharge, j'avance brusquement avec toute mon armée, qui consistoit en neuf hommes. J'en étois moi-même le Généralissime, *Vendredi* étoit mon Lieutenant-Général ; & pour Soldats, nous avions son pere, le Capitaine, le contre-maître, le passager, & les trois Prisonniers, à qui j'avois confié des armes.

La nuit & la terreur de nos ennemis augmentant notre nombre à leurs yeux, je donnai ordre à celui que nous avions trouvé dans l'Esquif, de les appeller par leur nom, les uns après les autres, pour savoir d'eux s'ils vouloient se rendre. — Plusieurs de nos camarades sont tués, leur dit-il ; je suis moi-même Prisonnier, & notre Capitaine vous cherche avec cinquante hommes. — Y aura-t-il quartier, s'écrierent-ils tous de concert ? — Vous connoissez ma voix, leur répondit alors le Capitaine : mettez bas les armes, & vous aurez tous la vie sauve, excepté *Atkins*. — Au nom de Dieu, Capitaine, s'écrie *Atkins*, donnez-moi quartier ; qu'ai-je fait plus que les autres ? — Je ne vous promets rien, lui répliqua-t-il ; rendez-vous à discretion, & vous fléchirez le Gouverneur, si vous pouvez. — C'étoit moi qui étois désigné par ce titre. Dès qu'ils eurent accepté ces conditions, *Vendredi* & deux autres les eurent tous, tandis que le reste de mon armée s'emparoît de leur chaloupe. Pour moi, je me tins à l'écart avec un seul de mes gens, pour des raisons d'Etat.

Le Capitaine avoit actuellement beau jeu contre les rebelles. Aussi, profitant de leur effroi, il leur reprocha amerement leur trahison. — Eh! quelles en eussent été les suites, leur dit-il? le Ciel ne permet jamais que les scélérats prosperent long-temps, & votre crime vous eût conduits tôt ou tard, à la Potence. — Touchés d'une remontrance si pathétique, ils lui demandoient la vie avec toutes les marques du plus sincere repentir. — Je ne peux rien pour vous, leur répliqua-t-il, en les interrompant; vous n'êtes plus à moi, vous êtes au Gouverneur de l'Isle. Vous avez cru me reléguer dans un Désert, & vous m'avez mis entre les mains d'un homme assez humain, pour ne pas vouloir votre mort dans son Gouvernement, mais assez juste pour vous renvoyer peut-être d'ici, dans les Prisons d'Angleterre. Au reste, vous paroîtrez tous devant lui, excepté *Atkins*, à qui j'ai ordre de dire de sa part, qu'il se prépare à mourir; car il sera pendu demain au matin. — Cet adroit mensonge produisit le plus grand effet. Ils se jeterent tous à ses genoux, le conjurant de s'employer auprès de moi : *Atkins*, pour que je ne le fisse pas pendre ; & les autres, pour que je ne les remisse pas entre les mains de la Justice.

Comme ce point essentiel étoit de recouvrer le Vaisseau par leur moyen, j'eus très-grand soin de m'éloigner d'eux ; afin de ne point leur montrer quel personnage ils avoient pour Juge. Ordonnant ensuite qu'on me fît venir le Capitaine, un de mes gens qui étoit à quelque distance de moi, se mit à crier : — Capitaine, le Gouverneur veut vous parler. — Dites à son Excellence, répondit aussi-tôt celui-ci, que je suis à ses ordres dans le moment. — Le piege étoit tendu trop naturellement, pour qu'ils évitassent d'y tomber; & les pauvres gens, étourdis d'ailleurs de leur défaite, ne douterent pas d'un moment, que le Gouverneur ne fût-là avec ses cinquante Soldats.

Le projet du Capitaine étoit le même que le mien. Pour y procéder d'une maniere plus sûre, nous jugeames à propos tous deux, de commencer avant tout, par séparer nos Prisonniers. En conséquence, *Atkins*, & deux des plus criminels, furent conduits dans ma grotte, où étoient déja renfermés deux de leurs camarades; Cette grotte, dont on peut se rappeller la peinture, n'étoit certainement point un lieu fort agréable, sur-tout pour des gens effrayés. Le reste, logé moins terriblement, eut ma maison de campagne pour prison. Comme ils étoient garrotés, & bien prévenus que leur sort dépendoit de leur conduite, je pouvois compter qu'ils ne m'échapperoient pas.

Ce fut à ces derniers que le Capitaine s'adressa le lendemain. Après leur avoir fait sentir toute l'horreur de leur perfidie; après leur avoir peint la triste situation où elle les avoit réduits, il leur répéta que quoique le Gouverneur de l'Isle leur eût donné quartier, ils ne laisseroient pas que d'être pendus, si, comme il y avoit toute apparence, il prenoit le parti de les renvoyer en Angleterre. — Cependant, ajouta-t-il, si vous concourez avec moi dans une entreprise aussi légitime que celle de recouvrer mon Vaisseau, j'ai sa parole, & il s'engagera formellement à obtenir votre pardon. — On se persuadera aisément que cette proposition fut reçue avec transport. Ils tomberent tous à ses genoux; ils les embrasserent, & lui jurerent, avec les plus horribles imprécations, qu'ils lui seroient fidelles jusqu'à la mort : — Oui, nous vous suivrons partout, lui dirent-ils, les larmes aux yeux, nous vous obéirons, & nous vous regarderons toujours comme notre pere; helas, ne vous devrons-nous pas en effet la vie ? — Eh bien, leur répliqua-t-il, je vais communiquer vos promesses au Gouverneur ; & je ferai tous mes efforts pour vous le rendre favorable.—

Là-dessus il revint à moi, & me rapporta leur réponse, ajoutant qu'à l'air & au ton pénétré dont ils s'étoient expliqués, il ne doutoit point de leur sincérité. Cependant, pour n'oublier aucune des mesures qu'éxigeoit une commission si délicate, je le priai d'y retourner, & de leur dire de ma part que je permettois qu'il en choisît cinq d'entre eux pour l'aider dans son projet; mais que je garderois les deux autres, avec les trois Prisonniers que j'avois dans mon Château, prêt à les faire pendre tous, si ceux qu'il employeroit, étoient assez perfides pour manquer à la foi de leurs serments. Il y avoit là-dedans un petit air de sévérité, qui faisoit voir que le Gouverneur ne badinoit pas. Les cinq dont j'avois parlé, accepterent le parti avec joie ; & ce fut alors autant leur affaire, que celle du Capitaine, d'exhorter les autres à bien faire leur devoir.

Voici quel étoit en ce moment l'état

de nos forces ; j'avois, tant en Sujets, qu'en Prisonniers de guerre ; 1°. Le Capitaine, son contre-maître, & le passager ; 2°. Deux rebelles pris dans la premiere rencontre, auxquels, à la priere du Capitaine, j'avois donné la liberté & mis les armes à la main ; 3°. Les deux que j'avois tenus dans ma maison de campagne, & que je venois de relâcher ; 4°. Les cinq que j'avois mis en liberté, les derniers. Ils étoient donc une douzaine en tout, outre les cinq ôtages ; & c'est tout ce que le Capitaine pouvoit employer pour se rendre maître de son Vaisseau. Car *Vendredi*, son pere, & moi, nous ne pouvions pas abandonner l'Isle, où nous avions sept Prisonniers, qu'il falloit tenir séparés & pourvoir de vivres. Les cinq ôtages étoient dans ma grotte, où je trouvai bon de les laisser garrottés, leur faisant donner à manger deux fois par jour. Quant aux deux autres, je m'en servois pour porter les provisions à une certaine distance, où tantôt *Vendredi*, & tantôt son pere, devoient les recevoir d'eux.

La premiere fois que je m'étois montré à ceux-ci, j'accompagnois le Capitaine. Il leur dit que j'étois l'homme que le Gouvernement avoit destiné pour avoir l'œil sur leur conduite : — Ordre à vous, ajouta-t-il, de n'aller nulle part sans sa permission, sous peine d'être conduits au Château & mis aux fers. — Comme ils ne me connoissoient point sous mon véritable titre, je pouvois jouer devant eux, un autre personnage que je remplissois à merveilles, parlant toujours avec ostentation, du Gouverneur & de ses troupes.

Il ne restoit plus au Capitaine, pour être en état d'exécuter son dessein, qu'à agréer & à équiper ses deux chaloupes. Dans la premiere il mit quatre hommes, à la tête desquels étoit son passager; & il monta lui-même la seconde, avec son contre-maître & cinq autres.

CHAPITRE XXXII.

Le Capitaine recouvre son Vaisseau.

IL étoit environ minuit lorsque les deux chaloupes furent sous le Navire. Le Capitaine, son contre-maître, & le passager, y monterent sans être reconnus, à la faveur des ténebres; & secondés courageusement par les Matelots qui les avoient suivis, & qui, pour donner le change à leurs camarades, parloient aux uns, &

mettoient en même-temps les autres hors de combat, ils en furent en un instant les maîtres. Je fus d'abord instruit de ce succès par sept coups de canon, qui étoient le signal dont nous étions convenus. On peut juger si je fus ravi de les entendre, & avec quel plaisir je les comptai. J'étois demeuré sur le rivage depuis le départ des deux barques, jusqu'à deux heures après minuit.

Sur enfin de cette heureuse nouvelle, j'allai me jeter sur mon lit, où la fatigue que j'avois essuyée tout le jour, me plongea dans un sommeil si profond, qu'il ne fallut rien moins qu'une *Salve* générale pour m'en arracher. Je me leve aussi-tôt, & m'entendant appeller par mon nom de Gouverneur, je monte à la hâte au haut de mon rocher ; le Capitaine m'y attendoit. — Mon cher ami, s'écria-t-il, en me serrant dans ses bras, de la maniere la plus tendre, mon cher libérateur, voilà votre Vaisseau ; il n'est point à moi ; c'est à vous qu'il appartient, & que nous appartenons nous-mêmes. — Je tournai alors les yeux vers la mer, & il me montra en effet son Navire à l'ancre, à un quart de lieue du rivage. A cette vue, je fus si saisi de ma joie, que je serois tombé évanoui & sans forces, si ses embrasfements ne m'avoient pas foutenu. Les fecours qu'il me donna me firent infenfiblement revenir à moi; mais je fus long-temps fans retrouver l'ufage de la parole.

Dès que j'eus entierement repris mes fens, je me jetai dans fes bras, & je l'embraffai à mon tour, comme mon libérateur. Mais au lieu de m'écouter: — Je vous ai apporté, me dit-il, quelques rafraîchiffements, tels que les peut fournir un Vaiffeau; — & là-deffus, il crie aux gens de la chaloupe de mettre à terre les préfents deftinés pour le Gouverneur. C'étoient fix bouteilles de vin de Madere, deux livres d'excellent Tabac, deux grandes pieces de bœuf, fix pieces de cochon, un fac de pois, cent livres de bifcuit, une boëte pleine de fucre, une autre remplie de fleur de mufcade, deux bouteilles de jus de limon, &, ce qui me plut infiniment davantage, fix chemifes toutes neuves, autant de cravattes, deux paires de gands, une paire de fouliers, une paire de bas, un chapeau, & enfin un habit complet tiré de fa propre garderobe.

Après avoir fait tranfporter tous ces préfents dans ma demeure, nous délibérames, le Capitaine & moi, fur ce que nous devions faire de nos Prifonniers, & fur-tout des deux chefs de la mutinerie. Il m'affuroit qu'ils étoient incorrigibles ; que les bienfaits ne pourroient pas fur eux, plus que les châtiments, & que s'il confentoit à s'en charger, ce ne feroit que pour les conduire, les fers aux pieds, dans la premiere colonie, & là, les remettre entre les mains du Magiftrat.

Comme il étoit affez humain pour ne prendre ce dernier parti qu'à regret : — Je fais, lui dis-je, un autre moyen de vous en debarraffer ; mais s'ils vous demandoient comme une grace, la permiffion de demeurer dans mon Ifle, quand nous l'aurons quittée, ne vous y opposeriez-vous point ? — A Dieu ne plaife, me répondit-il ; qu'ils vivent : pourvu qu'ils ne puiffent plus nous nuire, je fuis content. —— Sur ce confentement, je donnai ordre au pere de *Vendredi*, & à deux des ôtages qui étoient en liberté, d'aller les prendre dans ma grotte, pour les conduire de là à ma maifon de campagne, où je me rendis quelque temps après moi-même, decraffé, paré de mes gands, de mon caftor, de mon habit neuf, & traité publiquement de Gouverneur ; il y avoit fi long-temps que j'étois à l'aife dans mes autres habits, & j'avois un air fi gauche en me trouvant ferré dans celui-ci, que *Vendredi* lui-même, qui me fervoit affez mal-adroitement de valet de chambre, ne pouvoit revenir de fa furprife; il lui falloit tout le refpect & tout l'amour qu'il portoit à fon maître, pour l'empêcher de me rire au nez.

Je me fis d'abord amener les Prifonniers; & prenant le ton d'un homme en place, qui a une garnifon nombreufe fous fes ordres, mon chapeau fur la tête, une main dans la ceinture, & de l'autre faifant les geftes avec mon gand, mais rarement, parce que mon habit me gênoit fous le bras, je leur dis : —— Je fuis parfaitement inftruit de votre confpiration contre votre Capitaine ; je fais les mefures que vous aviez prifes pour commettre des pirateries avec le Vaiffeau dont vous-vous êtes emparés. Mais vos projets criminels ont tourné contre vous-même ; tous vos complices font en mon pouvoir, &, pour prix de fa trahifon, le fcélérat dont vous aviez fait votre chef, va être pendu tout à l'heure à la grande Vergue. Quant à vous, je voudrois bien favoir quelles raifons affez fortes vous aurez à m'alléguer, pour vous fouftraire au châtiment que vous méritez en qualité de Pirates pris fur le fait. ——

Un d'entre eux me répondit pour les

autres, qu'ils n'avoient rien à dire en leur faveur ; mais que leur Capitaine leur avoit promis la vie, quand ils s'étoient rendus à lui, & qu'ils demandoient grace. —— Je suis bon, leur dis-je, en me radoucissant un peu, mais mon devoir est d'être juste. D'ailleurs, quelle grace vous peux-je accorder, quand je m'embarque à l'instant même pour l'Angleterre ! Quant à votre Capitaine, il ne peut que vous emmener garrottés, dans le dessein de vous livrer à toute la rigueur des loix. Après votre crime, vous n'avez pas droit d'attendre un traitement plus doux de sa part. Ainsi, je ne vois pour vous que la ressource unique de vous établir dans cette Isle ; j'ai la permission de l'abandonner avec tous mes gens, & je suis assez porté à vous accorder votre pardon, si vous voulez vous contenter du sort que vous pouvez vous y ménager. ——

Loin que cette proposition leur déplût, ils parurent au-contraire la recevoir avec reconnoissance ; mais leur Capitaine ne l'approuvoit point, & n'osoit, disoit-il, y consentir ; sur quoi, j'affectai de lui dire d'un air fâché, qu'ils étoient mes Prisonniers & non pas les siens ; que leur ayant offert leur grace, je n'étois pas homme à leur manquer de parole ; s'il étoit offensé de ma conduite, que je les remettrois en liberté, comme je les avois trouvés; permis à lui de courir après eux & de les rejoindre, s'il le pouvoit. En effet, comme il feignit encore de ne pas se rendre, je leur fis ôter leurs liens, & ils se sauverent dans les bois.

Quittant alors la marque de Gouverneur, & embrassant le Capitaine, dès qu'ils nous eurent perdus de vue : ———
Je reste encore cette nuit pour achever mes préparatifs, lui dis-je, regagnez votre Vaisseau, faites pendre le cadavre du nouveau Commandant à la Vergue, & envoyez-moi demain votre chaloupe. ——

Aussi-tôt qu'il fût parti, *Vendredi* courut après les Prisonniers, & leur donna tout le détail de l'Isle. Il leur apprit à faire du pain, à ensemencer la terre, à sécher les raisins, à élever des chevres, à les traire, à les engraisser, à faire de leur lait du beurre, des fromages; en un mot, il les mit au fait de tout ce qui pouvoit rendre leur vie plus commode & plus agréable. Moi-même je leur donnai des armes & de la poudre; & leur parlant des seize Espagnols qu'ils avoient à attendre, je leur fis jurer qu'ils vivroient en bonne intelligence avec eux.

Je savois bien que je préparois à ces

derniers une fort dangereuse compagnie; mais comme ils devoient être les plus forts, & que leur chef avoit la Carte du lieu, leur sort ne m'inquiéta point. Il est vrai que j'aurois pu les attendre, & les emmener avec moi; le Capitaine, qui me devoit tout, ne m'eût rien refusé sans doute; mais exiger de lui une pareille complaisance, n'eût-ce pas été abuser du service que je lui avois rendu?

Quoi qu'il en soit, il m'envoya sa chaloupe le lendemain dès la pointe du jour, & je me rendis au Vaisseau, d'où je fis tenir encore aux nouveaux habitants de mon Isle leurs coffres & leurs habits qu'ils m'avoient demandés; leur faisant promettre que si dans la suite, je trouvois quelque Navire qui fît route de leur côté, je ne les oublierois pas. Comme nous mettions à la voile, deux de ces malheureux accoururent à la nage, nous conjurer de les recevoir; ils aimoient mieux nous suivre, au risque d'être pendus, que d'appréhender à tout moment, que les trois scélérats leurs confreres, ne les massacrassent. Le Capitaine fit quelques difficultés, & ne paroissoit pas d'humeur à se laisser attendrir; mais touché de leurs prieres, je lui répondis de leur conduite; & sur ma parole, il les reçut. Effectivement il nous fervirent avec beaucoup de zele, le long de la route ; & il s'en fallut de tout qu'il eût aucun fujet de s'en plaindre.

CHAPITRE DERNIER.
Robinfon eft de retour dans fa Patrie.

IL y avoit vingt-neuf ans, deux mois & dix-neuf jours que je vivois dans mon Ifle, lorfque j'en partis. Pour en garder éternellement le fouvenir, j'emportai mon grand bonnet de peaux de chevres, mon parafol & mon perroquet. J'emportai auffi mon argent ; je retournois dans un pays où il alloit m'être utile ; mais il étoit fi rouillé, que quand nous fumes débarqués, *Vendredi* étoit obligé de frotter dès la veille, la fomme dont nous avions befoin pour le lendemain. Il eft à remarquer que je m'étois échappé de mon Défert, le même jour que je m'étois fauvé autrefois des Maures de Salé, dans la Barque longue fur laquelle mon Turc avoit fondé l'efpérance de fon fouper. Mon voyage fut auffi heureux qu'il pouvoit l'être ; & j'arrivai fans encombre, en Angleterre, le onze de Juin mil six cents quatre-vingts sept.

De retour dans ma Patrie, & tout étonné de m'y revoir depuis trente-cinq ans que j'en étois dehors, je m'y trouvai aussi étranger, que si jamais il n'y eût été question de moi. J'avois presque l'air aussi neuf, que mes deux compagnons. Ma fidelle gouvernante vivoit encore; mais elle avoit eu de grands malheurs dans le monde, & elle étoit devenue veuve pour la seconde fois. Comme elle avoit encore cent livres sterling à me représenter, ou pour mieux dire, comme elle ne les avoit plus, du plus loin qu'elle me vit, elle me reconnut & se trouva mal. Helas, elle avoit grand tort, car je ne songeois gueres à l'inquiéter; au-contraire, plein de reconnoissance pour ses bontés passées, je lui promis de ne l'oublier de ma vie, & de lui procurer autant de bien, que ma situation pourroit me le permettre.

De-là, je me rendis dans ma Province. Mon pere & ma mere étoient morts, & il ne me restoit de famille dans tout Yorc, que deux sœurs & deux enfants d'un de mes freres, qui, ne m'ayant pas fait l'honneur de me compter au nombre des vivants, m'avoient oublié net dans le partage des biens. Par cet arrangement, je ne possédois au monde que ce que je n'avois point encore dépensé de mon argent, & deux cents livres sterling dont m'avoient gratifié à mon arrivée, les propriétaires du Vaisseau sur lequel j'étois revenu.

J'avois encore une ressource, c'étoit d'aller à Lisbonne m'informer de ma plantation du Bresil. J'y fus ; *Vendredi* me suivoit, & son pere étoit resté chez mes sœurs. Le premier homme que je rencontrai, en mettant pied à terre, fut le vieux Capitaine qui m'avoit recueilli dans son Vaisseau au milieu de la mer, quand je me sauvois des côtes de Barbarie. Il y avoit neuf ans qu'il ne voyageoit plus ; il m'apprit que dès ce temps-là mes facteurs étoient morts ; cependant, que je pourrois avoir une information exacte de mes affaires, parce qu'il les avoit fait remettre sur le champ entre les mains du Procureur Fiscal du lieu. —— Mais vous n'entendez rien à toute cette marche, me dit-il ; demeurez avec moi quelque temps, & vous ne tarderez pas à recevoir une réponse positive. ——

En effet, il prit si bien toutes ses mesures, qu'au bout de sept mois, il me remit & l'état de ma plantation qui étoit de mille livres sterling de revenu par an; & une somme de cinq cens mille livres sterling en argent, qui, toute déduction faite, en avoit été le produit pendant mon absence. Comme il n'étoit pas riche, je lui fis d'abord une pension de cent moidores par an. J'envoyai ensuite cent livres sterling à ma vieille gouvernante, & autant à chacune de mes sœurs, qui, sans être mal à leur aise, ne vivoient pourtant pas fort au large dans la campagne où elles s'étoient retirées, l'une veuve, & l'autre avec un mari dont elle n'avoit pas lieu d'être contente.

Un bonheur ne vient jamais seul; je l'ai déja dit, & j'ai maintenant encore plus de raisons pour le dire, que je n'en avois alors. A peine, avois-je élu & fixé mon domicille, que mes associés m'envoyerent proposer de leur vendre ma plantation. J'y consentis de tout mon cœur; elle fut estimée 330 mille pieces de huit, qu'ils me firent tenir par leur correspondant à Lisbonne, & que je touchai sans aucun délai. Tous ces fonds placés avantageusement me composerent un revenu très-ample dont je jouis encore aujourd'hui avec une femme dont je m'applaudis tous les jours d'avoir fait la ortune, & avec mon fidelle *Vendredi* qui partit hier pour aller rendre chez mes sœurs les derniers devoirs à son pauvre pere.

P. S. Mon neveu, à qui j'ai donné un Vaisseau, a vu mon Isle en passant. Le Gouverneur que j'y ai nommé, y jouit de tous mes droits en ma place ; il me manda qu'il a été obligé de réduire par la force, les scélérats que j'y avois laissés. Les Sauvages sont venus l'attaquer, il les a vaincus ; il a même fait une descente chez eux, & a emmené leurs femmes Prisonnieres ; en sorte que s'il me prenoit fantaisie de retourner dans mes Etats, comme je m'en suis réservé la propriété, je me trouverois Roi d'un Peuple nombreux. Mais il y a long-temps que je suis guéri de toutes mes folies ; & j'aime mieux être Bourgeois à Londres, que Souverain ailleurs.

FIN.

www.ingramcontent.com/pod-product-compliance
Lightning Source LLC
Chambersburg PA
CBHW060329170426
43202CB00014B/2725